DIE NEUE
FARB- UND TYPBERATUNG

DIE NEUE FARB

TYP

UND

BERATUNG

mit Color Me Beautiful

SO MACHEN SIE MEHR AUS SICH

MARY SPILLANE

Mosaik

Dieses Buch ist Liz Baker gewidmet, CBMs Styling-Königin und meine rechte Hand seit acht Jahren.

Erstveröffentlichung:

1998 Macmillan/Macmillan Publishers Ltd, London

Wichtig!

Mit dem Begriff „Colorit" bezeichnen wir den farblichen Gesamteindruck eines Menschen, bestehend aus seiner natürlichen Pigmentierung von Haut-, Haar- und Augenfarbe und den damit in Zusammenhang stehenden Helligkeitswerten.

Produktion der deutschen Ausgabe:

Redaktionsbüro Kramer, Weißenfeld/München

Lektorat:

Rolf H. Kramer, Weißenfeld/München

Heike Kramer, Weißenfeld/München

Übersetzung:

Antoinette Gittinger, München

Satz und dtp:

Anja Kramer, Weißenfeld/München

Umschlaggestaltung:

Design Team München

Umschlagfotos:

Hintergrundfoto: Gruner + Jahr Fotoservice/F. P. Wartenberg

Kleine Fotos: Lesley Howling

Foto der Autorin: Sanders Nicolson

Druck und Bindung:

Butler & Tanner Ltd, Frome und London

Printed in Great Britain / 5 4 3 2 1

ISBN 3-576-11197-2

Inhalt

Danksagungen

Eine gelungene Imageverbesserung erfordert immer ein talentiertes und eingespieltes Team. Genauso war es bei diesem Buch, das dank des Engagements und der Zusammenarbeit vieler Helfer entstand.

Die Firma Wella und ihre Farb-Spezialisten standen uns beim Entstehen dieses Buches mit Rat und Tat zur Seite. Besonderer Dank gilt Jackie Daniels und Paul Smith, dem technischen Direktor und seinem fantastischen Team in den Londoner Studios.

Liz Baker und Pippa Newbegin von CMB sowie Designer/Journalist Tony Glenville nahmen sich der mühseligen Kleiderauswahl und -beschaffung an, um sicherzustellen, daß die Verschönerungen ein voller Erfolg wurden. Wir danken folgenden PR-Agenturen und Modehäusern für ihre Unterstützung: Tiffany & Co., Dickens & Jones, Pallant, Marks and Spencer`s, Principles, Liberty, Dorothy Perkins, Favourbrook, Gucci, Evans, Richards, Wallis, Warehouse, Patrick Cox, Coccinelle, Beauchamp Hamling, Boden, Jean Muir, Englisch Eccentrics, Jasper Conran und Mani.

Wer hätte sich bessere Models wünschen können? Mein Dank geht an diese großartige Truppe: Julia Alexandre, Janice Daley, Sue Hoare, Emily Hutchings, Jane Levitz, Sue Mc Pherson, Pippa Newbegin, Emma Nicholson, Melissa Ormiston, Rita Ramsey, Sutchinda Rangsi Thompson, Julia Rose, Karen Scott, Ali und Malcolm Wallace, Emma Walmsley, Kate Walmsley, Marie-Louise Windeler, Sarah Wright.

Fotograf Sanders Nicholson besitzt die für seinen Job notwendige Geduld und ertrug die Terminverschiebungen wegen „Anpassungsschwierigkeiten“ mit Gelassenheit. Es ist keine große Kunst, Models abzulichten. Doch bei Sanders fühlten sich auch all unsere Verschönerungskandidatinnen wie Topmodels und sahen auch so aus.

Als Haar- und Make-up-Künstlerinnen fungierten Sarah Bee, Fiona Corrigan, Diane James, Karen Mason und Dottic Monaghan – die uns immer wieder neue Tricks verrieten. Es war ein Vergnügen, mit ihnen zu arbeiten.

Einleitung

Das Leben ist lang. Warum lassen Sie Tag um Tag verstreichen, ohne sich wirklich großartig zu fühlen? Ihr Aussehen wirkt sich auf Ihr Selbstwertgefühl aus und beeinflußt die Reaktion und das Verhalten anderer Ihnen gegenüber.

Vielleicht sind Sie eine glückliche Frau oder wenigstens zufrieden mit sich und dem, was Sie bisher im Leben erreicht haben. Großartig! Dieses Buch richtet sich genauso an Sie wie an die Frauen, die weniger ausgefüllt sind oder sich nicht so großartig fühlen – weil eine wirklich zufriedene Frau sich ständig erneuert: Der Wechsel der Jahreszeiten, neue Begegnungen und neue Pflichten bringen ihr Veränderung und Wachstum.

Viel zu oft vernachlässigen Frauen ihr Äußeres aus Rücksicht auf andere oder scheinbar wichtigere Dinge. Es heißt dann „Wenn die Kinder mal in der Schule sind, werd' ich mich um mich selbst kümmern", „Wenn ich diesen Job bekomme, werde ich mir einen neuen Look gönnen", „Mein Mann mag mich, wie ich bin, auch wenn ich mir selbst nicht so gefalle." Ein solches Leben bedeutet natürlich Sicherheit: Ohne Herausforderungen gibt es keine Probleme. Aber fühlen Sie sich nicht lebendiger, wenn Sie sich Ihren Herausforderungen stellen und dazulernen können?

Denken Sie mal an den letzten Kick, den Sie damals empfanden, als Sie etwas Neues dazulernten. Vielleicht haben Sie ein PC-Programm gemeistert, gelernt, wie man Begonien züchtet oder einen Steptanz- oder Salsakurs besucht? Fühlten Sie sich nicht wie neugeboren? Wenn wir lernen und unsere Persönlichkeit entwickeln, stärkt dies unser Selbstbewußtsein.

In diesem Buch geht es darum, sich selbst und seinem Äußeren mehr Zeit zu widmen. Es fordert Sie auf, Verstand und Phantasie für Ihr Wunschbild einzusetzen und gibt Ihnen Empfehlungen für eine Verbesserung Ihres jetzigen Aussehens – oder sogar für die Verwandlung in eine neue Frau.

Den eigenen Weg gehen

Das 21. Jahrhundert bietet den Frauen viele Entscheidungsmöglichkeiten. Wir können unser Leben nach Belieben gestalten. Unseren Müttern und Großmüttern waren noch Beschränkungen auferlegt, uns nicht mehr. Es gibt keinen vorgeschriebenen Weg von Geburt an oder in einem bestimmten Alter, der uns Richtung und Lebensinhalt diktiert. Ganz und gar nicht. Jeder von uns muß seinen eigenen Weg planen, seine eigene Entwicklung festlegen. Ungeahnte Vorlieben und Leidenschaften schenken uns einen neuen Blick für uns selbst. Wir entdecken uns, unsere Wünsche und unsere Art, uns einzubringen, aufs neue.

Diese Veränderungen sollten sich in unserem Aussehen und Verhalten widerspiegeln. Mit unserer Weiterentwicklung sollte auch unsere Ausstrahlung wachsen. Die junge Frau, die ihre Buchhaltungsprüfung besteht, ohne danach ihren Studentenlook aufzugeben, wird wahrscheinlich länger als nötig auf ihrem Anfängerposten hocken bleiben. Die hektische Mutter, die sich selbst nie Zeit gönnt, erlebt vielleicht, daß ihr Partner ihr auch nicht mehr die Zeit und Aufmerksamkeit schenkt, die ihr gebührt.

Das Aussehen hat etwas Selbsterfüllendes an sich: Wir werden zu dem, was wir ausstrahlen. Behandeln Sie sich als Kunstwerk, dann werden andere Ihre Kreativität schätzen. Zeigen Sie Selbstvertrauen, Wärme und Individualität, und die anderen werden dies an Ihnen schätzen.

Betonen Sie Ihre Stärken

Wenn Sie eine Frau bitten, sich im Spiegel zu betrachten und das zu beschreiben, was sie sieht, wird Sie Ihnen eine lange Liste ihrer Unzulänglichkeiten aufzählen – jedes Detail. Unter den Tausenden von Frauen, mit denen ich gearbeitet habe, gab es nur selten eine, die nichts an sich auszusetzen hatte. Entweder fanden sie sich zu klein oder zu groß, klagten über zuviel oder zuwenig Busen, dicke Schenkel, kurze Beine, dicke Fesseln, dünnes, glattes, lockiges oder rotes Haar. Ein endloser negativer Katalog.

Und doch werden diese Problemzonen von niemandem bemerkt, es sei denn, wir tragen Kleidungsstücke, die sie betonen.

Es wird Zeit, unsere fixen Ideen hinter uns zu lassen und an der Frau als Ganzes zu arbeiten und an dem, was sie sein könnte. Die meisten Probleme lassen sich übertünchen, manche sogar berichtigen. Lassen Sie uns alle Möglichkeiten offen ansprechen.

Ihr Aussehen ist mein Job

Seit über 15 Jahren ist Color Me Beautiful das führende Imageberatungsunternehmen für Frauen und Männer, hat Niederlassungen auf der ganzen Welt. Unsere Farb- und Stilanalysen sind präzise und einfach. Millionen Frauen (und Männer) haben uns um Rat gefragt und richten sich nach unseren Empfehlungen. Wir machen aus den Menschen nicht etwas, was sie nicht sind. Jede unserer Sitzungen besteht aus einer Unterhaltung oder auch einem Streitgespräch. Wären wir nicht so erfolgreich, würden sich die Menschen nicht immer wieder an uns wenden. Unsere Arbeit hat auch die Aufmerksamkeit der Medien auf sich gezogen, nicht nur wegen der vielen Prominenten, die wir beraten haben, sondern auch wegen unserer vorausschauenden und manchmal umstrittenen Ansichten.

Wir haben keine Skrupel, Modegurus in die Schranken zu weisen, wenn sie bestimmen wollen, wer wann was tragen soll, nur weil ein Hofstaat von Designern und ihre Groupies es so entschieden haben. Wir sind keineswegs Modegegner – wir lieben das Neue und die schöpferische Vielfalt. Doch sehen wir die Mode aus der Sicht der Frauen, die mitten im Leben stehen, und wollen ihnen die Fähigkeit vermitteln, für sich selbst das Beste auszusuchen.

Mittlerweile haben die schlauesten Designer, das heißt die geschäftstüchtigsten, erklärt, daß man alles tragen kann, daß alles paßt, solange es der Trägerin steht und mit ihrer Figur, Persönlichkeit und ihrem Lebensstil harmonisiert. Die Designer bieten uns jetzt Kleider, in denen wir uns wohl fühlen. Also, machen Sie sich keine Sorgen wegen der richtigen Rocklänge für diese Saison, und verzichten Sie auf die neueste Lidschattenfarbe, wenn Sie damit kränklich aussehen.

Wie Sie am Ball bleiben

Immer wieder bitten uns Frauen um Tips, wie sie ein neuer Mensch mit neuem Aussehen werden können. Aus diesem Grund entstand dieses Buch – eine Anleitung zur Verschönerung des Ichs. Einige Grundsätze über Farben oder Stil kennen Sie vielleicht schon, wir stellen Ihnen aber auch viele neue Anregungen vor und zeigen Ihnen neue Wege bei der Zusammenstellung Ihrer Garderobe. Hinzu kommen viele wirkungsvolle Make-up-Tips.

Lesen Sie zuerst Kapitel 1. Testen Sie, wieweit Sie mit Ihrem jetzigen Aussehen zufrieden sind und was Sie ändern möchten.

Stellen Sie

sich der

Aufgabe

Natürlich wünschen Sie sich ein neues Aussehen. Selbst die raffinierteste Frau mit einem unerschütterlichen Selbstvertrauen wird immer voller Neugier Neues ausprobieren und stets neue Wege suchen, um ihre Persönlichkeit noch besser ins rechte Licht zu setzen.

Wo immer sich eine Gelegenheit zur Verschönerung bietet, stehen die Frauen Schlange. Im Laufe der Jahre haben wir auf vielen Ausstellungen gearbeitet, viele Zeitungsartikel geschrieben und Fernsehsendungen und Promotions gemacht, und waren doch immer wieder erstaunt über die zahlreichen Frauen, die sich auf neue Make-up-Tips oder Frisurenvorschläge stürzten. Vor kurzem hat uns das englische Journal „Good Housekeeping“ um Verschönerungstips für seine Leser gebeten, worauf sich über 4.000 Frauen per Brief, Telefon oder Fax um einen Platz in unseren Studios beworben haben.

Genug Zeit vergeudet, Mädels! Es geht los. Zuerst sollten Sie das Ausmaß Ihrer gewünschten Verschönerung bestimmen. Nehmen Sie einen Stift, und beantworten Sie folgende Fragen mit richtig oder falsch.

richtig *oder* falsch

1 Seit Jahren habe ich das gleiche Aussehen.

2 Ich kann mich nicht mehr erinnern, wann ich das letzte Kompliment bekommen habe.

3 Ich wünsche mir schon lange ein anderes, vorteilhafteres Aussehen; weiß aber nicht, wo ich anfangen soll.

4 Meist sehe ich gut aus; großartig aber eher selten.

5 Make-up kaschiert viele Sünden.

6 Ich wünschte, ich könnte meine Stärken besser hervorheben.

7 Ich will ganz einfach gesund aussehen; nicht wie eine Leiche auf Urlaub.

8 Meine schlechte Figur läßt sich auch durch Kleidung nicht verbergen.

9 Bitte, nennen Sie mir einen Top-Haarstylisten zur Generalüberholung.

10 Ich habe keine ideale Figur, aber wer hat sie schon?

11 Mir fehlt die Motivation, mich in Form zu halten und mich gesund zu ernähren.

12 An meiner Figur kann man nur wenig ändern.

13 Mein Kleiderschrank ist voll, aber ich habe nichts anzuziehen.

14 Ich habe oft versucht, Ideen von Freunden oder aus Zeitschriften zu übernehmen, doch ohne Erfolg.

15 Für Frauen über 50 sind modische Kleidungsstücke nicht mehr angebracht.

16 Mein wahres „Ich" kommt nur am Wochenende zum Vorschein. Im Job trage ich eine „Uniform".

17 Ich sehe nicht gerade wie eine Karrierefrau aus.

18 Meine Bemühungen, sexy oder betont weiblich auszusehen, bleiben meist erfolglos.

19 Ich bin keine Schönheit, warum also sollte ich mir Mühe geben?

20 Für ein gutes Aussehen muß man zuviel Geld und Zeit investieren.

21 Sich um sein Aussehen zu kümmern, macht eitel.

22 Wenn mir eine Fee einen Wunsch freigäbe, hätte ich gern den makellosen Körper eines Hollywoodstars oder Topmodels.

23 Einkaufen ist ein Alptraum.

IHR ERGEBNIS

0 bis 5 „richtige" Antworten

Sie besitzen Selbstvertrauen, fühlen sich jedoch von der Möglichkeit eines neuen Aussehens herausgefordert. Sie pflegen Ihr Äußeres, wissen aber, daß Sie zwar niemals ein Model sein werden, aber verdammt gut aussehen können, wenn Sie wollen.

Dieses Buch hilft Ihnen, das abzulegen, das Sie altbacken aussehen läßt. Wahrscheinlich ist es jetzt an der Zeit, Kleiderschrank und Schminkkoffer auszumisten.

5 bis 10 „richtige" Antworten

Selbstzufrieden, aber langweilig beschreibt wohl am besten Ihr Aussehen. Es versetzt niemanden in Staunen, doch es entgehen Ihnen auch die vielen netten Komplimente, die Sie verdienen.

Ihr Aussehen ist weder von Nutzen noch von Schaden für Sie. Es wird also Zeit, ein paar Dinge zu verändern. Wetten, daß Sie viele ähnliche Kleidungsstücke tragen und es Ihrer Garderobe an bunter Vielfalt fehlt. Sollten Sie noch nicht mit Farben experimentiert haben, ist jetzt die beste Zeit, damit zu beginnen.

10 bis 15 „richtige" Antworten

Ach du lieber Himmel! Sie sind verwirrt, und es mangelt Ihnen an Selbstvertrauen. Sie haben ein paar Verschönerungsversuche unternommen, aber leider ohne Erfolg; hauptsächlich deswegen, weil die „Details" nicht auf Sie und die Persönlichkeit, die Sie ausstrahlen wollen, abgestimmt waren. Hören Sie auf, jemand anders sein zu wollen oder in einen anderen Körper hineinschlüpfen zu wollen. Wir können mit Ihrem eigenen wahre Wunder vollbringen, doch zuerst müssen wir an Ihrem Selbstbild feilen.

Sie haben der Welt viel zu geben – viele gute Eigenschaften, angefangen mit der Frau in Ihnen. Lernen Sie, diese zu schätzen, bevor Sie sich über eingebildete Unvollkommenheiten Sorgen machen.

Sie werden sich mit vielen unserer Fallgeschichten identifizieren können. Lesen Sie sie aufmerksam durch und überlegen Sie, welche Ansichten den Ihren entsprechen. Beachten Sie auch die Abschnitte „Besseres Körperbewußtsein" und „Moralische Unterstützung", die sich gegenseitig unterstützen.

15 bis 20 „richtige" Antworten

Man kann Sie nur als ausgebrannt und verzweifelt

beschreiben. Es ist schon zu lange her, daß Sie sich in Ihrer Haut richtig wohlgefühlt haben, und es wird höchste Zeit, daß Sie sich selbst wieder in den Mittelpunkt Ihres Lebens stellen. Stellen Sie alles andere für eine Weile zur Seite ...

Ich habe mit vielen großartigen Frauen wie Ihnen gearbeitet. Selbstlose Wesen, die eines Tages beim Aufwachen feststellen, daß das Leben an ihnen vorbeigeht. Vielleicht fühlen Sie sich von Mutter Natur im Stich gelassen, weil sie Sie nicht mit makelloser Schönheit gesegnet hat, aber Sie haben auch das Potential, eine individuelle Schönheit zu werden.

Sie werden sich wohl etwas mehr anstrengen müssen als andere, um Ihr Bestes herauszustreichen. Dazu gehören dann auch Fitneß, bewußte Ernährung und Selbstkontrolle. Wenn Sie dazu bereit sind, werden wir gemeinsam Ihr Aussehen aufpolieren. Sie müssen aber versprechen, das Buch bis zur letzten Zeile zu lesen!

Was Ihre Antworten über Sie selbst verraten

1. **Seit Jahren habe ich das gleiche Aussehen.**
   Wenn Sie seit Jahren gleich aussehen – gleiche Frisur, gleiche Garderobe, gleicher Stil – nutzen Sie nicht all die Möglichkeiten, Ihre Persönlichkeit zur Geltung zu bringen. Was hindert Sie daran? Sind Sie es selbst, dann seien Sie mutig, und wagen Sie den Schritt ins Unbekannte. Bestehen andere darauf, daß Sie so bleiben, wie Sie sind, versichern Sie ihnen (ihm?), daß Sie innerlich derselbe Mensch bleiben werden.
2. **Ich kann mich nicht mehr erinnern, wann ich das letzte Kompliment bekommen habe.**
   Ihnen sollten Komplimente nur so zufliegen – wenn nicht täglich, dann wöchentlich. Ein Kompliment drückt sich auch durch eine Person aus, deren Gesicht bei Ihrem Erscheinen aufleuchtet und die Ihnen sagt, wie gut Sie aussehen.
3. **Ich wünsche mir schon lange ein anderes, vorteilhafteres Aussehen; weiß aber nicht, wo ich anfangen soll.**
   Wenn dieser Satz auf Sie zutrifft, gehen Sie am Leben vorbei. Mit nur etwas Mühe können Sie anders und besser aussehen – ungeachtet Ihres Budgets und Ihres Alters.
4. **Meist sehe ich gut aus; großartig aber eher selten.**
   Es sollte Ihr tägliches Ziel sein, blendend auszusehen. „Gut genug" bedeutet, daß Sie andere mit Ihrem Aussehen weder beleidigen noch beeindrucken. Blendendes Aussehen erfordert zwar etwas Mühe und Know-How, aber nicht unbedingt ein dickes Bankkonto.
5. **Make-up kaschiert viele Sünden.**
   Make-up soll nicht kaschieren, sondern Ihre natürliche Schönheit unterstreichen, um Sie noch strahlender erscheinen zu lassen. Siehe

Kapitel 7 zum Thema „Wie zeige ich mich von der besten Seite."

6. Ich wünschte, ich könnte meine Stärken besser hervorheben.

Schluß mit den Wünschen. Es wird Zeit, die weiblichen Tricks kennenzulernen. Verwenden Sie vorteilhafte Farben (Kapitel 5) und setzen Sie erfolgreiche Stiltricks ein, damit Sie Ihre Traumfigur erreichen (Kapitel 8).

7. Ich will ganz einfach gesund aussehen; nicht wie eine Leiche auf Urlaub.

Gesundes Aussehen sollte das Hauptziel aller Frauen sein. Es ist immer entscheidend, welche Farben Sie tragen (siehe Kapitel 5). Wenn Sie Ihr Haar färben, achten Sie auf den richtigen Farbton, damit Sie weder kränklich noch älter aussehen (siehe Kapitel 6).

8. Meine schlechte Figur läßt sich auch durch Kleidung nicht verbergen.

Mit dem passendem Schnitt, Stoff und Design läßt sich alles verdecken, was Sie wollen. Kapitel 8 verrät Ihnen, wie Sie Ihre Problemzonen kaschieren können.

9. Bitte nennen Sie mir einen Top-Haarstylisten zur Generalüberholung.

Überlassen Sie sich niemals jemandem zur Schönheitskorrektur, bevor Sie nicht selbst wissen, wie Sie aussehen wollen. Nehmen Sie Fotos mit, um Ihren Wunsch zu verdeutlichen, und lassen Sie sich über alle Möglichkeiten aufklären, die mit Ihrem Haar machbar sind und die zu Ihrer Gesichtsform passen. Lassen Sie sich vor Verlassen des Haarsalons zeigen, wie die Frisur zu Hause gestylt wird.

10. Ich habe keine ideale Figur, aber wer hat sie schon?

Was heißt eigentlich „ideal"? Was in einer Kultur, einer Generation, einem Modetrend als ideal angesehen wird, gilt meist nur kurz und nur punktuell. Dies hat nichts mit der Ausstrahlung zu tun. Wenn Sie Ihr wahres Selbst und Ihre Talente zeigen, ist Ihre Ausstrahlung am größten.

11. Mir fehlt die Motivation, mich in Form zu halten und mich gesund zu ernähren.

Wenn Sie sich entschieden haben, blendend auszusehen und sich großartig zu fühlen, gibt Ihnen das die notwendige Motivation, sich fit zu halten und sich gesund und maßvoll zu ernähren.

12. An meiner Figur kann man nur wenig ändern.

Ihr Stützapparat bzw. Ihre Knochenstruktur, Ihre Proportionen und Ihre Größe sind unveränderbar. Aber durch Sport lassen sich bestimmte Körperzonen aufbauen und Problemzonen abbauen. Haltungs- und gezieltes Gewichtstraining z.B. verbessert die natürliche Schulterlinie und verleiht einer birnenförmigen Figur mehr Ausgewogenheit. Durch die plastische Chirurgie können heute sogar ganze Körperteile neu geformt werden (Einzelheiten darüber in Kapitel 4).

13. Mein Kleiderschrank ist voll, aber ich habe nichts anzuziehen.

Arbeitet Ihre Garderobe gegen Sie, dann ist es an der Zeit, sie auszusortieren. Behalten Sie nur die Kleidung, die Sie häufig tragen und lieben. In Kapitel 9 lernen Sie, wie Sie Ihren Kleiderschrank am besten organisieren.

14. Ich habe oft versucht, Ideen von Freunden oder Zeitschriften zu übernehmen, doch ohne Erfolg.

Durch aufmerksames Beobachten erfahren Sie, wie sich andere Frauen zurechtmachen. Doch versuchen Sie nicht, sie nachzuahmen. Sie sind einzigartig: Ihre Farben, Proportionen, Ihre Figur und Persönlichkeit gehören nur Ihnen allein.

15. Für Frauen über 50 sind modische Kleidungsstücke nicht mehr angebracht.

Weder das Leben noch die Mode hören bei einem bestimmten Alter auf. Ungeachtet Ihrer Geburtsurkunde sollen Sie Spaß an Ihrem modischen Aussehen haben. Als kluge Frau wissen Sie, was Ihnen heute steht.

16. Mein wahres „Ich" kommt nur am Wochenende zum Vorschein. Im Job trage ich eine „Uniform".

Wenn Sie im Job nicht Ihr wahres Ich zeigen, geben Sie dort nicht Ihr Bestes. Lesen Sie dazu die Empfehlungen für berufstätige Frauen (Kapitel 2 und 3).

17. Ich sehe nicht gerade wie eine Karrierefrau aus.

Als Karrierefrau sollten Sie immer für den nächsten Schritt bereit sein. Es liegt an Ihnen, Ihre Vorgesetzten darauf aufmerksam zu machen, daß nur Sie die ideale Besetzung für die gewünschte Position sind. Die richtige Ausstrahlung kann Sie schneller vorwärts katapultieren als Sie glauben.

18. Meine Bemühungen, sexy oder betont weiblich auszusehen, bleiben meist erfolglos.

Wenn Sie bis jetzt noch nicht entdeckt haben, wie Sie weich, weiblich und sexy aussehen können, wird es höchste Zeit. Selbst die sportlichste, nüchternste und geschäftigste Mama kann die stärksten Männer umhauen. Lesen Sie unsere Vorschläge in Kapitel 2.

19. Ich bin keine Schönheit, warum also sollte ich mir Mühe geben?

Schönheit ist relativ. Weder Sie noch ich werden jemals auf den Laufsteg gehen. Damit sollten wir leben können. Seien Sie mal ehrlich, wie oft ist Ihnen eine Frau an der Kasse im Supermarkt oder bei Schulschluß mit ihren Kindern begegnet, die Sie als wirklich schön bezeichnen würden? Es hängt immer nur vom Betrachter ab. Sollte Ihnen gerade ein solcher „Betrachter" fehlen, lesen Sie Kapitel 4, es zeigt Ihnen, wie Sie „den Mann Ihrer Träume" für sich gewinnen.

20. Für ein gutes Aussehen muß man zuviel Zeit und Geld investieren.

Für den Erfolg braucht man Zeit und nur wenig Geld. Eine gute Körperhaltung, zum Beispiel, kostet nichts und spiegelt Ihre Persönlichkeit wider. Lesen Sie dazu den Abschnitt über Haltung in Kapitel 2.

21. Sich um sein Aussehen zu kümmern, macht eitel.

Eitelkeit und der Wunsch, so gut wie möglich auszusehen, sind zwei Paar Stiefel. Ein gepflegtes Aussehen zeugt von Selbstachtung und Selbstbewußtsein.

22. Wenn mir eine Fee einen Wunsch freigäbe, hätte ich gern den makellosen Körper eines Hollywoodstars oder Topmodels.

Sicherlich haben Sie die Höhen und Tiefen all dieser wunderschönen Leute in den Illustrierten mitverfolgt. Warum wollen Sie weiterhin in „Ach wenn doch"-Träumen schwelgen?

23. Einkaufen ist ein Alptraum.

Frauen gelten als kaufsüchtig, aber viele von uns empfinden Einkaufen als stressig. Wenn Sie gelernt haben, sich auf das zu konzentrieren, was für Sie am besten ist, wird das Einkaufen kürzer und ein Vergnügen. Bestimmt!

Die nächsten Schritte

Welche Verschönerung Sie wünschen oder benötigen, ist Ihre persönliche Entscheidung. In den folgenden Kapiteln bieten wir Ihnen drei Stufen an: Anfänger, Fortgeschrittene und Könner (Kapitel 2, 3 und 4).

Versuchen Sie einmal die blitzschnellen, kinderleichten Typenveränderungen für Anfänger, die wenig Zeit, Mühe oder Geld erfordern. Versuchen Sie morgens mal unsere Empfehlungen, das Haar auf andere Weise trockenzufönen als bisher, oder lassen Sie sich und Ihren taufrischen Teint beim Nachmittagskaffee bewundern. Dank unserer narrensicheren Make-up-Tricks hält Ihr Make-up den ganzen Tag.

Die Verschönerungen für Fortgeschrittene und Könner beanspruchen etwas Köpfchen und Planung. Aber Sie wissen ja, daß sich damit Ihr Leben ändern kann – oder zumindest Ihre Selbsteinschätzung und die Art, wie andere auf Sie reagieren. Ein Karrieresprung oder ein neuer Liebhaber könnten in Sicht sein.

Kapitel 5 behandelt die Farbtherapie: ein „Muß" für alle Leser. Sollten Sie noch nicht wissen, welcher Farbtyp Sie sind (Herbst- oder Sommertyp etc.), wird es jetzt Zeit, dies zu entdecken. Oder wissen Sie es bereits, langweilen sich aber etwas damit? Vielleicht sollten Sie die Palette einmal anders mischen – vielleicht kommen sogar ganz andere Farben in Betracht. Kapitel 6 wird Ihnen die Anleitungen zur Typveränderung mit Ihrem natürlichen Colorit geben.

Sollten Sie Ihr Bäuchlein, Ihre Oberschenkel oder Ihr Busen stören, springen Sie zu Kapitel 8, und erlernen Sie die Kunst, das Beste aus Ihrer Figur zu machen. Ich wünschte, ich bekäme zwei Mark für jede Kundin, die eine Diät an den Nagel hängt, wenn sie erfährt, daß sie nur durch entsprechende Kleidung schlanker aussehen kann. Sie sollten aber wegen dieser Tricks nicht gleich die gesunden Ernährungsregeln über Bord werfen; diese Tricks dienen nur als Überbrückung, um bereits blendend auszusehen, während Sie noch an Ihrem Körper arbeiten.

Lassen Sie sich von den Erfahrungen der Frauen inspirieren, die sich für eine CMB-Beratung beworben haben. Sie sind der beste Beweis für die Wirksamkeit unserer Methode.

Typveränderung

ür

Anfänger

Weder Sie noch Ihr Bankkonto sind bereit für eine Generalüberholung. Doch es würde Ihnen Spaß machen, die anderen morgen durch Ihr verändertes Aussehen zu verblüffen. Sie brauchen nicht gleich den ganzen Verkehr zum Stocken bringen, doch es wäre toll, wenn die Leute sagen würden: „He, was ist denn gestern passiert?“

In diesem Kapitel erforschen wir erst einmal, was Ihr Kleider- und Ihr Badezimmerschrank bieten. Die meisten Frauen besitzen eine durchaus ansehnliche Garderobe und ein umfangreiches Schönheitssortiment. Das Problem ist nur, daß sie nicht wissen, wie sie das, was sie haben, richtig oder anders kombinieren können.

Sollten Ihnen einige wichtige Teile der Grundgarderobe fehlen, dann müssen Sie sich diese schleunigst besorgen. Erst dann kann Ihr neuer Look in Angriff genommen werden.

Wir beginnen mit Frauen, die bereit sind, ihre augenblickliche Garderobe und Schönheitspflege gründlich zu überprüfen.

Die karriere-bewußte Studentin

JANICE Wie viele College-Studentinnen hat Janice einen vollgepackten Terminkalender, sie muß zwischen ihrem Studium in Wirtschaft und Psychologie und ihrem Teilzeitjob jonglieren. Ihr Outfit verrät ihre kreative Persönlichkeit. Doch nicht alle ihre Jeans sind so luftdurchlässig wie diese hier!

Doch bald wird sie sich auf dem Stellenmarkt präsentieren, um sich mit ihrem Studium und ihrem Talent gut zu verkaufen. Ihre derzeitige Garderobe kann ihr dabei wenig nutzen, das weiß sie selber.

DAS ERGEBNIS Wenn Sie am Anfang Ihrer Berufslaufbahn stehen, müssen Sie sich erst einmal eine Grundgarderobe zulegen. Wohlüberlegte Planung garantiert, daß sich Ihre Ausgaben lohnen und Ihre Garderobe vielseitig kombinierbar ist. In diesem blauen Blazer können Sie sich überall sehen lassen. Der lange, gerade Schnitt des Blazers kaschiert Janices leicht kantige Körperform und wirkt elegant. Außerdem haben wir eine weiche hellgraue Hose gewählt, um das Ganze pfiffig aussehen zu lassen. Janice kann die Hose auch mit einer anthrazitfarbenen Jacke oder einem Strickoberteil oder weichen Shirts kombinieren.

Janice besitzt eine tolle Haarpracht. Doch wir haben sie davon überzeugt, daß sie, wenn sie ihr Haar zu einer französischen

Einsteckfrisur stylt, anders und raffiniert aussieht. Diese Frisur wirkt professioneller, kompetenter. Damit kann sie sicherlich ein besseres Gehalt aushandeln als mit ihrer pflegeleichten Frisur. Janice hat außerdem versprochen, ihre Nasenringe nur in der Freizeit zu tragen.

STAR-TIPS FÜR STUDENTEN

Die französische Methode

Verfügt man über ein begrenztes Budget, empfiehlt sich die französische Einkaufsmethode: Kaufen Sie Ihre Kleider erst dann, wenn Sie entschieden haben, wie Sie in dieser Saison aussehen wollen.

Studieren Sie die Modemagazine, oder bummeln Sie zu Beginn der Saison durch die schicken Boutiquen, um sich Anregungen zu holen. Stellen Sie auch eine Liste auf, was in Ihrer Garderobe fehlt, damit Sie Ihre Wahl treffen können.

Wenig Probleme mit schlichten Stoffen

Schlichte Stoffe sind am vielseitigsten und unauffälligsten. Wenn Sie sie mit Ihrer augenblicklichen Garderobe kombinieren, können Sie sie tagein tagaus tragen, ohne daß jemand den Wechsel richtig bemerkt.

Second-hand-Garderobe

Schauen Sie im Februar (Frühjahrsangebote), im Mai (Sommerangebote) und September (Herbstangebote) im Second-hand-Laden vorbei, um modische Schnäppchen zu ergattern. Suchen Sie sich Geschäfte in einer guten Gegend aus, damit Sie ausrangierte Kleider guter Qualität bekommen. Am besten sind Sie mit Jacken, Röcken, Hosen und Accessoires bedient.

Super-Mutter

ALI Da Ali vier Kinder zwischen sechs Monaten und neun Jahren hat, ist sie froh, wenn sie morgens Zeit findet, sich zu schminken. Doch sie wirkt immer glücklich und souverän und wird häufig beneidet.

„Ich bin stolz darauf, eine Full-time-Mutter zu sein, die das Leben ihrer Kinder organisiert und dafür sorgt, daß sie glücklich sind. Doch ich würde gern wissen, wie ich es anstellen muß, mein Outfit zu verbessern und vor allem, was ich anziehen soll, wenn ich abends mit meinem Mann Malcolm ausgehe, was leider selten der Fall ist", sagt Ali. Sie besitzt einen frischen Teint und eine tolle Figur (und das nach vier Kindern!) und ist verrückt nach Jeans und T-Shirts.

DAS ERGEBNIS Leidenschaftliche Mütter finden eine reiche Auswahl an diesen neuen „Jeans", die es als wunderbare, haltbare und waschbare Alternativen zu den Denims gibt. Diese schokoladefarbenen „Samt"jeans sind schick und praktisch. Ähnlich verhält es sich mit den Pullovern – keine Frau braucht

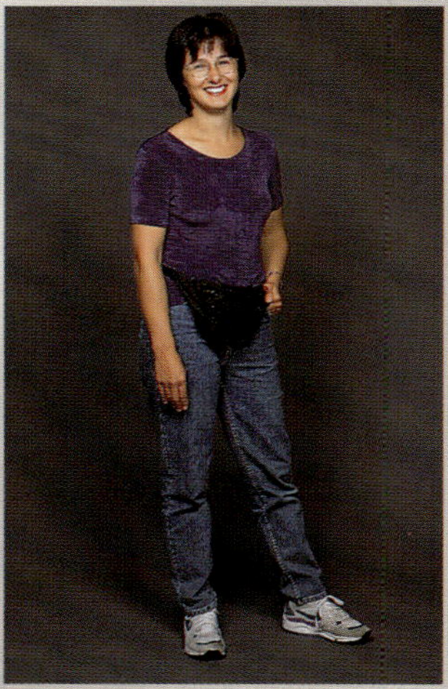

mehr Angst vor kratzender Wolle zu haben, da die modernen Fasern „atmen", sich für Waschmaschine und Trockner eignen und toll aussehen. Wenn Sie als Mutter Ihr Outfit noch mit einer Kurzjacke abrunden, hält jeder Sie für ein Supermodel.

Ali benötigte noch ein paar Schönheitstips, um so auszusehen und sich so zu fühlen, wie sie es verdient. Sehr dunkles Haar wird durch eine Tönung nur wenig verändert. Also wählen Sie eine intensivere Farbe (in Alis Fall ein kräftiges Rot), damit es wenigstens bei Tageslicht leuchtet. Mütter, die sich für praktische Kurzhaarschnitte entscheiden, sollten sich überlegen, ob sie damit nicht zu streng aussehen. Ein paar leichte Strähnen lassen die Frisur sexy aussehen.

FÜR DEN ABEND Die Ausgehkleidung sollte attraktiv, mit anderen Kleidungsstücken kombinierbar und vor allem auch nicht zu sehr der Mode unterworfen sein. Für die kostbaren Ausgeh-Abende mit Malcolm haben wir eine von Alis „Schmeichelfarben" (Scharlachrot) ausgesucht und einen Stoff aus einer Mikrofaser, die man gut selber waschen kann. Dazu eine anthrazitfarbige Hose (ist nicht zu sehen). Beide Kleidungsstücke können endlos kombiniert werden (die Bluse mit langen oder kurzen Röcken; die weiche gut fallende Hose mit eleganten Tops, Jacken oder einfachen Bodies).

Da Malcolm ein richtiger Jeans- und T-Shirt-Typ ist, haben wir eine Sportjacke für ihn ausgesucht, die auch abends sehr schick aussieht. Ali und Malcolm finden sich in diesem Outfit elegant – nicht gekünstelt oder aufgetakelt, sondern wirklich sie selbst.

STAR-TIPS FÜR MÜTTER

Farben für Kinder

Kinder reagieren auf die Farben, die ihre Bezugspersonen tragen. Ihnen gefallen helle Farben, besonders Gelb: Mama braucht ja nicht gleich wie eine Banane auszusehen – probieren Sie's mit einem gelben T-Shirt. Vermeiden Sie Grau- und Beigetöne, die sie nicht mögen. Schwarz und Blau können Sie strenger aussehen lassen.

SEX-APPEAL

Farben für ihn

Schlammgrün, Erdtöne und gedeckte Farben lassen jeden Mann kalt. Um sein Blut in Wallung zu bringen, versuchen Sie es mit Pastelltönen, besonders Rosa. Auch Rot kann seinen Adrenalinspiegel heben, doch gehen Sie sparsam damit um: Oft genügen ein Top, ein Schal, Fingernägel und Lippen in Rot, um Wirkung zu erzielen.

STAR-TIP

Zuerst die Füße

Wenn Sie nicht wissen, wo Sie anfangen sollen, dann beginnen Sie von unten nach oben. Wählen Sie drei Paar Lieblingsschuhe, und bauen Sie auf ihnen Ihr Outfit auf. Überlegen Sie, wie sich eine bestimmte Rocklänge oder ein bestimmter Stoff mit den Schuhen kombinieren lassen, bevor Sie diese kaufen. Tragen Sie modische Hosen zu eleganten Schuhen und Jeans oder Leggings zu sportlichen Schuhen oder Sandalen.

SEX-APPEAL

Junge Eltern müssen immer wieder sexy füreinander sein, dürfen sich nicht nur für Babys und Kinder interessieren. Hier sind ein paar Tips, wie das funktioniert.

- Nehmen Sie sich genug Zeit füreinander. Wenn es hektisch zugeht, gehen Sie mindestens einmal wöchentlich miteinander aus. Lassen Sie dann die Arbeit und die Familie hinter sich, und genießen Sie die Zweisamkeit.
- Schenken Sie Ihrem Mann die Aufmerksamkeit, die er verdient. Hören Sie ihm aufmerksam zu, schauen Sie ihm in die Augen, und konzentrieren Sie sich ganz auf ihn. Wir alle lieben das Gefühl, für andere interessant zu sein, und Ihre Körpersprache kann genauso viel ausdrücken wie Ihre Worte. Wenn er Sie mit dem ewig gleichen Geleier langweilt, überlegen Sie, welche Fragen Sie ihm stellen können (die er nicht einfach mit Ja oder Nein beantworten kann). Zum Beispiel: „Wohin fahren wir in unserem nächsten Urlaub?“ oder „Wen sollten wir unbedingt mal wieder treffen?“
- Unterhalten Sie sich bei Ihren Rendezvous so wenig wie möglich über banalen Haushaltskram. Handeln Sie den tröpfelnden Wasserhahn oder die Kinderprobleme möglichst schnell ab, und wenden sich dann den interessanteren Themen zu.
- Bleiben Sie nicht zu lange aus, damit Ihnen noch Energie für Sex bleibt, wenn Sie wieder zu Hause sind. Überlassen Sie ihm die Initiative, wenn er das sonst nicht tut. Regelmäßiger Sex trägt entscheidend dazu bei, daß man sich einander verbunden, jung und glücklich fühlt.

Investitionen, die Sie nie bereuen

SUTCHINDA Viele moderne Karrierefrauen haben die Lockerung der Kleidervorschriften begrüßt, insbesondere in Jobs, in denen man Bewegungfreiheit braucht oder in denen man sich schmutzig machen kann. Sutchinda, eine Künstlerin und Buch-Designerin, betrachtet bequeme Jeans und Wollpullover oder Blusen als ihre Arbeitskleidung, da sie ihre Zeit zwischen Besprechungen, Fototerminen oder dem Entwerfen von Layouts in ihrem Studio verbringt.

„Für mich stellen alle Gelegenheiten, bei denen andere Frauen ihre Cocktailkleider ausführen, eine echte Herausforderung dar. Ich fühle mich in solchen Augenblicken wie ein Puppe, doch es gefällt mir, schick auszusehen“, erklärte sie.

Frauen wie Sutchinda, die es am liebsten natürlich mögen, müssen sich wohl fühlen – tagsüber und abends –, benötigen jedoch etwas Ermunterung, wenn es um das Outfit geht. Ich empfehle ein umwerfendes Oberteil oder eine aufregend bunte Jacke, die man mit Hosen oder über einem schlichten Kleid tragen kann.

DAS ERGEBNIS Sutchinda war über den Preis der Jacke entsetzt. „Über 1000 Mark, das kann doch nicht Ihr Ernst sein!", rief sie entsetzt. Mit Hilfe des Taschenrechners ermittelten wir, wie sich ihre Investition in den nächsten zehn Jahren amortisieren würde. Eine solche Jacke könnte ein Leben lang halten und dann an die Tochter „weitervererbt" werden. Ich selbst habe zwei solcher Jacken. Die eine ist aus Seide und für den Sommer gedacht, die andere aus Samt für den Winter. Ich kombiniere sie mit Röcken, einer Abendhose oder Jeans sowie mit kurzen und langen Kleidern.

Ein hübsches Oberteil lenkt die Aufmerksamkeit immer auf das Gesicht, also mußte Sutchinda noch lernen, wie man ein Abend-Make-up macht. Da sie sonst keinerlei Make-up trägt, benötigt sie nur eine leichte Grundierung, damit sie abends gut aussieht. Zuerst war sie über den von uns empfohlenen roten Lippenstift schockiert, doch als sich ihr Mann von dem Ergebnis begeistert zeigte, nahm sie sich vor, sich auch in Zukunft die Lippen zu schminken.

Frauen, die es natürlich mögen, benötigen nur ein einfaches Stäbchen, über das sie das Haar einschlagen und feststecken, schon haben sie eine tolle Abendfrisur.

Twens machen sich schick

PIPPA Mädchen um die Zwanzig erkennen bald, daß sich ihre Einheitskleidung nicht für elegantere Gelegenheiten eignet. Wenn Sie Einladungen zu Cocktail- und Dinnerpartys bekommen, sollten Sie Ihre Garderobe in Augenschein nehmen.

Der Kauf von Abendkleidung erfordert eine größere Investition, über die man gründlich nachdenken sollte, bevor man sie tätigt. Pippa befand sich in diesem Dilemma, als sie eingeladen wurde, ihren Freund und seine Kunden zu einem Gala-Abend zu begleiten. „Ich muß raffiniert und elegant aussehen, kann unmöglich eines meiner lächerlichen kurzen Kleider tragen", stöhnte sie.

DAS ERGEBNIS Wir mußten etwas aussuchen, das vielseitig verwendbar war und auch in den nächsten Jahren noch elegant aussehen würde. Pippa hat ein Gedecktes Colorit, also empfahlen wir ihr ein schokoladefarbenes Kleid statt des üblichen schwarzen, damit sie sich von der Menge abhob. Das schlichte lange Kleid im Hemdenstil betonte Pippas Figur und kostete eine schöne Stange Geld, nicht aber die Accessoires.

Wenn man ein teures Kleidungsstück trägt, sehen die Accessoires wertvoller aus, doch niemals umgekehrt.

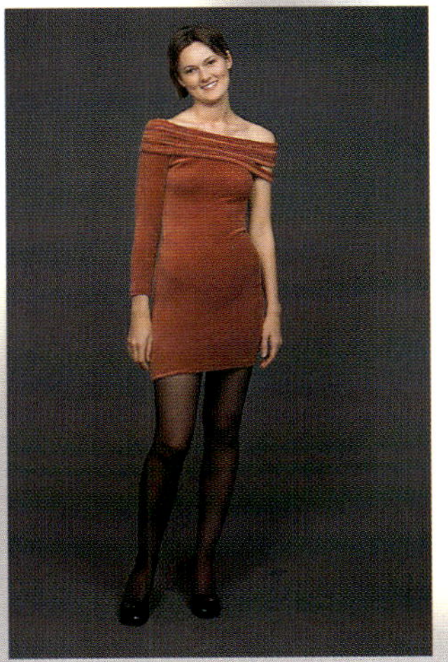

BÜROKLEIDUNG

EIN KOSTÜM aus Schurwolle kann das ganze Jahr getragen werden, ist strapazierfähiger als jeder andere Stoff. Achten Sie darauf, daß die Jacke gut sitzt. Wählen Sie die Rocklänge, die Ihnen am meisten schmeichelt (bis zum Knie oder oberhalb des Knies oder etwas unter der Wade, wenn Sie es länger lieben).

WEICHE BLUSEN Vermeiden Sie beim klassischen Kostüm Baumwollhemden im Herrenschnitt. Wählen Sie lieber schlichte Blusen mit rundem Ausschnitt und aus weichen Stoffen wie Seide, Jersey oder Tencel.

TÜCHER UND SCHALS Damit bekommt Ihr Outfit immer wieder einen anderen Pfiff.

MAKE-UP Benutzen Sie täglich Make-up. Eine gepflegte Frau wirkt professioneller und hat bessere Chancen, aufzusteigen.

IMAGE ÄNDERN: Die Geschäftswelt verändert sich ständig, warum also nicht auch Ihr Image? Seien Sie immer flexibel, so daß Sie für die Firma allzeit von großem Nutzen sind. Das Ergebnis: Sie haben bessere Chancen, und es zahlt sich für Sie aus.

Jung und berufstätig

MELISSA

Wie viele junge berufstätige Frauen hält Melissa nichts von gutgemeinten Ratschlägen, etwa sich die Haare abzuschneiden, um seriöser und kompetenter zu wirken. „Ewig kämpft man gegen Klischees an", sagt sie. „Lange blonde Haare wirken angeblich aufreizend und dumm, dies scheint wirklich ein Problem zu sein." Viele Männer finden, daß Locken im Büro ablenken. Sie meinen, es falle ihnen schwer, sich auf die Worte der Frau zu konzentrieren, da sie sich unwillkürlich vorstellten, wie sie mit ihren Händen in der Haarpracht spielen.

Melissa benötigte ein paar Tips, wie sie ihre langen Haare fürs Büro styleen und mit einem neuen Make-up etwas frischer aussehen konnte.

Der elegante Pferdeschwanz

Wenn Sie Ihr Haar zu einem Pferdeschwanz zusammenbinden, nehmen Sie sich eine Minute Zeit. Nehmen Sie nur elegante Spangen, wie diese hier aus schildplattähnlichem Material, und testen Sie die Größe, die Form und den Verschluß, bevor Sie sie kaufen, damit Sie sicher sein können, daß die Spange zu Ihrem Haar paßt. Kämmen Sie die Haare locker nach hinten, und halten Sie sie mit der Spange zusammen. Zum Schluß besprühen Sie Ihre Frisur mit etwas Spray.

Der einfache französische Knoten (Banane)

Für einen französischen Knoten benötigen Sie keine Haarklemmen: Diese Frisur ist im Nu mit einem einfachen Holzstäbchen bewerkstelligt. Rollen Sie Ihre Haare zu einer lockeren Tolle ein, und stecken Sie das Stäbchen senkrecht von oben nach unten ein, damit die Frisur Halt bekommt.

Pflegen

Ungebürstete Augenbrauen können jede Frau, auch wenn sie noch so jung und makellos wie Melissa aussieht, ungepflegt aussehen lassen. Zupfen Sie Ihre Augenbrauen regelmäßig in Form.

Pudergrundierung empfiehlt sich für junge berufstätige Frauen, die immer gepflegt aussehen sollten. Testen Sie die Farbschattierungen an Ihrer Kinnlinie, da sie auf der Haut ganz anders aussehen als in der Verpackung. Weiche neutrale Lidschatten betonen Ihre Augen, ohne daß sie bemalt aussehen, was ja im Beruf wichtig ist. Damit Ihr Lippenstift bei wichtigen Konferenzen oder einer Präsentation immer perfekt aussieht, verwenden Sie zuerst einen natürlichen Lippenkonturenstift und dann Lippenstift oder Lipgloss.

Starten Sie Ihre Verschönerung – schnell und einfach

Nun sind Sie an der Reihe, sich schnell, mühelos und möglichst mit geringen Kosten von heute auf morgen zu verwandeln. Überfliegen Sie die folgenden Abschnitte, und entscheiden Sie, auf welche Sie sich bei Ihrer Übernacht-Verwandlung konzentrieren wollen.

Die Grundverschönerung für Ihr Gesicht

Die größte Wirkung erzielen Sie, wenn Sie Ihr Make-up verändern. Streichen Sie jedoch zuerst die Haare aus dem Gesicht, damit Sie sehen, wo Sie ansetzen müssen.

Haut Müde Haut ist eine schlechte Grundlage für ein Make-up. Starten Sie heute abend mit einer Tiefenreinigung oder einer Feuchtigkeitsmaske.

Augenbrauen: Welche Augenbrauenform paßt am besten zu Ihnen? Einige Frauen sehen mit schöngeschwungen Bögen umwerfend aus, andere brauchen lediglich ihre Augenbrauen unterhalb etwas zu korrigieren, um gut auszusehen. Also nehmen Sie Ihre Pinzette, und machen Sie sich an die Arbeit.

Gesichtshaare Jeglicher Flaum im Gesicht wirkt störend. Bleichen Sie deshalb die Gesichtshaare, um sie aufzuhellen (testen Sie das Mittel zuerst an der Innenseites des Vorderarms auf seine Hautverträglichkeit). Ist der Haarwuchs dichter, empfiehlt sich der Gang zur Kosmetikerin, die mit Elektrolyse oder Wachs den Haaren zu Leibe rückt. Greifen Sie nicht zum Rasierapparat, es sei denn, Sie wollen einen Spitzbart.

Getönte Tagescreme Wenn Sie bereit sind für ein richtiges und umfassendes Make-up, lesen Sie Kapitel 7. Wenn noch nicht, dann vermischen Sie Ihre Tagescreme mit etwas Make-up und verteilen Sie dies auf dem Gesicht.

Augen: Wenn Sie etwas pfirsichfarbenen Puder über das Augenlid bis zum Brauenbogen verteilen, sehen Sie frisch aus. Malen Sie mit einem Kajalstift kurze, weiche Striche auf das äußere Drittel des Ober- und Unterlids. Geben Sie Puderlidschatten (weiches Braun oder Grau) über den Lidstrich. Zuletzt tragen Sie die Wimperntusche auf.

Lippen: Um lange gepflegt auszusehen, verwenden Sie einen neutralen Lippenkonturenstift. Zeichnen Sie zuerst die Konturen Ihrer Lippen nach, und füllen Sie dann die ganzen Lippen. Statt eines Lipgloss' verwenden Sie etwas Vaseline, um schimmernde Lippen zu bekommen.

Das Grund-Make-up für Ihre Hände

Unsere Hände sind immer exponiert, doch sie werden oft vergessen. Wir lassen unserem Gesicht sorgfältige Hautpflege zukommen und überdecken unsere Falten mit Make-up. Aber was ist mit unseren Händen? Die haben Glück, wenn sie etwas von der Feuchtigkeitscreme fürs Gesicht abbekommen und ab und zu die Fingernägel lackiert werden.

Denken Sie an Ihre Freunde und Kollegen. Sie können deren Hände bestimmt detailliert beschreiben. Wir registrieren die Hände der anderen fast unbewußt, da sie bei der Kommunikation so intensiv benutzt werden. Welchen Eindruck machen Ihrer Meinung nach Ihre eigenen Hände auf andere? Verraten Sie eine selbstbewußte Frau oder eine unsichere? Ist diese Frau etwas schluderig und desorganisiert, oder hat sie die Dinge fest im Griff? Abgebissene Fingernägel oder wunde Nagelhaut verraten Unsicherheit. Hände, die sorgfältig manikürt sind, zeigen, daß die Trägerin auf Details achtet und sich selbst organisiert, um auch kleine Dinge in den Griff zu bekommen. Wenn Sie über Nacht Ihre Hände einer Maniküre unterziehen, können Sie schon morgen positive Signale ausstrahlen.

- Ein warmes Seifenwasser bereitet die Hände für die Maniküre vor. Entfernen Sie den Nagellack mit einem acetonfreien Nagellackentferner, damit die Nägel nicht zu stark angegriffen werden, bevor Sie sie in das Bad tauchen.
- Schieben Sie überschüssige Nagelhaut mit einem Orangenhölzchen zurück, das Sie in Nagelhautentferner getaucht haben. Mit Nagelscheren schneidet man immer zuviel weg.
- Waschen Sie den Nagelhautentferner ab, und trocknen Sie die Nägel, bevor Sie sie lackieren.
- Feilen Sie die Nägel mit einer Sandfeile nur in eine Richtung. Versuchen Sie, alle Nägel gleich lang zu feilen.
- Wählen Sie einen neutralen Lack, der zu Ihrer Garderobe in der nächsten Woche paßt. Wenn

der Lack dickflüssig ist, stellen Sie ihn eine Stunde lang in den Kühlschrank. Dann wird er wieder flüssig und läßt sich besser auftragen.

- Tragen Sie den Lack dünn von unten zur Spitze auf. Lassen Sie den Halbmond frei.
- Wenn die erste Schicht getrocknet ist, tragen Sie eine zweite auf. Hellere oder matte Farben können sogar eine dritte Schicht erforderlich machen, um eine gleichmäßige Farbe zu erhalten.
- Verwenden Sie zum Schluß einen farblosen Überlack, der Glanz verleiht und verhindert, daß der Lack gleich wieder abblättert.
- Versuchen Sie, die Nägel 30 Minuten lang in Ruhe trocknen zu lassen. Lackieren Sie die Nägel nicht im Bett, die Bettdecke kann Ihr Werk ruinieren.
- Wenn Ihre Nägel trocken sind, halten Sie sie unter kaltes Wasser, damit der Lack durchhärtet.

Hand- und Nagelpflege

- Wenn Sie Ihre Nägel nachts unlackiert lassen, gönnen Sie ihnen eine nagelhärtende Creme, die Sie über den ganzen Nagel einreiben.
- Schneiden Sie Ihre Nägel richtig, damit sie nicht abbrechen.
- Trockene oder brüchige Nägel können durch Plastikhandschuhe beim Spülen oder bei der Gartenarbeit geschont werden.
- Cremen Sie Ihre Hände mit Vaseline ein, oder tauchen Sie sie in Olivenöl und ziehen Sie für die Nacht weiße Baumwollhandschuhe darüber. Am nächsten Morgen sind Ihre Hände so weich wie die eines Babys.
- Benutzen Sie eine AHA-Gesichtscreme gegen Pigmentflecken auf Ihren Händen.

Die Grundverschönerung für Ihr Haar

Wir alle wissen, wie wichtig gepflegte Haare sind. Mit einer Pflanzenfarbe oder einer Tönung (nicht für blondes oder graues Haar) erhalten Sie eine leuchtendere Haarfarbe.

Ändern Sie den Scheitel Um Ihre Frisur ohne Schnitt aufzustylen, verändern Sie Ihren Scheitel. Machen Sie aus einem Mittel- einen Seitenscheitel nach links oder rechts. Versuchen Sie, einen Seitenscheitel höher oder niedriger zu ziehen (Haarklemmen, Spangen oder Spray können Ihnen dabei helfen). Oder verzichten Sie ganz auf einen Scheitel, indem Sie die Haare nach hinten kämmen, sie mit Spray oder Gel in Form halten oder ein hübsches Haarband oder Tuch benutzen.

Fülligere Haare: Ob Sie eine gleichmäßige Länge oder einen Stufenschnitt tragen, volle Haare wirken immer sehr anziehend. Lassen Sie die Haare zu 90 Prozent an der Luft trocknen, bevor Sie Wickler oder Haarklemmen verwenden.

Weiche Lockenpracht: Diese bekommen Sie, wenn Sie Haarsträhnen um den Finger wickeln und mit Klemmen feststecken. Je mehr Haar Sie nehmen, desto weicher fällt es. Um das Ganze zu beschleunigen: Wikkeln Sie die Haare auf Lockenwickler, oder stecken Sie sie mit Klemmen fest, und trocknen Sie sie mit dem Fön. Lassen Sie die Haare auskühlen, bevor Sie sie abwickeln.

Schaum oder Styling-Spray: Massieren Sie den Schaum oder das Spray gut ein, und stylen Sie dann die Frisur.

Binden Sie es hoch: Volles oder lockiges Haar wirkt raffinierter, wenn es hochgesteckt oder mit einer eleganten Spange als Pferdeschwanz hinten festgesteckt wird.

Fransen: Um Ihren Pony aufzufrischen, halten Sie ihn hoch und besprühen ihn von unten mit Spray. Wenn Sie einen vollen Pony auflockern wollen, kämmen Sie die Hälfte davon zurück und besprühen das Haar mit Spray. Die restlichen Fransen fallen locker in die Stirn.

Die Verschönerung Ihrer Kleidung

Manchmal sehen wir nicht so gut aus, wie wir es eigentlich könnten, weil wir morgens halbfertig aus dem Haus stürmen. Nehmen Sie sich zwei Minuten Zeit, um zu überlegen, womit Sie Ihr Outfit perfekter machen könnten. Die folgende Checkliste hilft Ihnen dabei.

Saloppe Kleidung

Aufpeppen: Bluse und Jeans können großartig aussehen, doch überlegen Sie, ob die Bluse noch besser aussehen könnte, wenn Sie darunter einen Body oder darüber eine Weste tragen würden. Könnte eine Jacke das Ganze noch etwas aufpeppen? Oder legen Sie sich einen Pullover über die Schultern oder um die Taille.

Verwendung von Gürteln: Jeans oder saloppe Hosen bekommen einen Designer-Look, wenn sie durch einen Gürtel ergänzt werden, oder nehmen Sie einen Seidenschal, um das Ganze farblich etwas aufzufrischen.

Jogginganzüge und Sweatshirts: Diese sind für sportliche Aktivitäten vorgesehen und sollten nicht als lässige Kleidung mißverstanden werden.

Düfte: Wenn Sie gut riechen, fühlen Sie sich auch gut. Verwenden Sie das Parfüm, das Sie gerne tragen. Wenn Sie nach Büro riechen, noch bevor Sie es betreten haben, wird Sie dieser Duft den ganzen Tag begleiten. Vermeiden Sie im Büro Parfüms mit zu starkem Moschusduft und zu blumiger Note.

Fürs Büro

Zeit für den Wechsel: Führen Sie morgen eine Farbkombination vor, die Sie noch nie geboten haben. Dunkelbraun mit Hellblau oder Aquamarin, Anthrazit mit Zitronengelb, Beige mit Marineblau, warmes Grau mit Petrol. Oder frischen Sie Ihre Ton-in-Ton-Lieblingskleidung mit einer Bluse oder einem Tuch in einer akzentuierenden Farbe auf.

Niedrigere Absätze: Um sich am Ende des Tages vitaler und jünger zu fühlen, tragen Sie niedrigere Absätze, sofern es Ihre Größe erlaubt.

Nagellack: Tragen Sie im Geschäftsleben niemals rote oder rosa lackierte Nägel, sondern farblosen Lack.

Mut zum Ausschnitt: Hohe, strenge Kragen lassen Sie zugeknöpft wirken. Wenn Sie einen kleinen Ausschnitt zeigen, wirken Sie zugänglicher, schlanker und entspannter.

Die Verbesserung Ihrer Haltung

Wenn ich bei einem Seminar über Haltung rede, fangen die Leute sofort an, unruhig hin- und her zu rutschen und eine kerzengerade Haltung einzunehmen. Haltung ist ein gefürchteter Begriff, der sofort die Erinnerung an Lehrer oder Tanten heraufbeschwört, die einen ständig ermahnten, sich gerade zu halten.

Doch eine gute Haltung ist tatsächlich enorm wichtig, sie prägt Ihr Image. Eine Frau mit einer schlaffen Haltung wirkt nicht selbstbewußt, sie scheint sich in sich selbst zurückzuziehen und bleibt vielleicht auch allein. Schlechte Gewohnheiten entstehen häufig in jungen Jahren, wenn man versucht, Freunde nachzuahmen oder gerade eine Phase geringen Selbstwertgefühls durchmacht. Doch eine schlechte Haltung kann man sich abgewöhnen und statt dessen gute Gewohnheiten lernen und umsetzen. Viele Therapeuten bestätigen: Je stärker und glücklicher wir sind, desto besser ist unsere Haltung.

Die Haltung wirkt sich auch auf die Gesundheit aus. Fallende Schultern beeinträchtigen die Lungenfunktion und somit die Sauerstoffzufuhr, die Sie brauchen, wenn Sie unter Streß stehen. Wenn Sie abends stundenlang auf der Couch herumliegen, kann dies zur Folge haben, daß sich Ihre inneren Organe „senken" und die Verdauung beeinträchtigen.

Ein starker Rücken

Eine gute Haltung schließt Stärke und Gleichgewicht mit ein. Ein gerader Rücken beruht nicht nur auf einem gestreckten Rückgrat, sondern auch auf starken Bauchmuskeln. Deshalb werden durch Sit-ups und Beckenbodenübungen die Taille trainiert und Rückenprobleme verhindert.

Machen Sie täglich folgende Übung: Legen Sie sich auf den Rücken, und ziehen Sie die Knie an. Rollen Sie die Beine langsam von einer Seite zur anderen, und achten Sie darauf, daß Ihr Oberkörper und die Arme flach am Boden liegen. Wiederholen Sie dies zehnmal (fünfmal nach jeder Seite). Dies ist eine Grundübung, um den Rücken beweglich zu halten sowie die Becken- und Bauchmuskeln zu kräftigen.

Die „Katzenposition" im Yoga stärkt die Wirbelsäule und löst Spannungen, die im Lauf des Tages oder während der Nacht aufgebaut wurden. Knien Sie auf allen vieren, wölben Sie den Rücken, und lassen Sie den Kopf nach unten fallen. Verharren Sie 20 Sekunden lang in dieser Haltung. Dann krümmen Sie den Rücken und halten das Gesäß und den Kopf nach oben. Verharren Sie in dieser Haltung, und wiederholen Sie jede Übung fünfmal.

Gehen Sie oft in die Hocke, um etwas aufzuheben. Das kommt nicht nur Ihrem Rücken zugute, sondern auch Ihrem Gesäß.

Gerade Schultern

Entlasten Sie Ihre Schultern, indem Sie die Verkrampfungen und Spannungen in Ihrem Nacken abbauen. Wenn Sie eine lange Autofahrt vor sich haben oder täglich stundenlang am Schreibtisch sitzen, müssen Sie Übungen machen, um Ihre Nackenmuskeln zu stärken und Spannungen und eventuelle Verkrampfungen abzubauen.

Legen Sie den Kopf zur Seite und verbleiben Sie zehn Sekunden lang in dieser Haltung. Wiederholen Sie dies zweimal am Tag, fünfmal auf jeder Seite. Dann lassen Sie den Kopf aufs Kinn fallen und verharren so fünf Sekunden lang. Lassen Sie den Kopf nicht nach hinten fallen, da Sie nicht genug Muskelkraft besitzen, ihn zu stützen.

Das richtige Mobiliar

Stühle: Überlegen Sie, wo und wie lange Sie jeden Tag sitzen, und untersuchen Sie Ihre Stühle und Sofas. Im Büro benötigen Sie einen Stuhl mit schräg nach vorne abfallendem Sitz, so daß das Becken nach vorn gedrückt wird. Wählen Sie einen verstellbaren

Stuhl. Die Armstützen sollten unter der Arbeitsfläche verlaufen, so daß sich die Unterarme auf gleicher Höhe wie der Schreibtisch befinden.

Verwenden Sie zu Hause Kissen für Ihren Rücken. Wenn Sie länger als 30 Minuten lesen oder fernsehen wollen, brauchen Sie auch eine Nackenstütze.

Autositze: Stellen Sie den Sitz so ein, daß Sie aufrecht sitzen und nicht nach hinten lehnen. Stellen Sie auch Ihre Nackenstütze entsprechend ein. Ist Ihre Wirbelsäule leicht gekrümmt, so daß Sie zwischen Sitz und Rücken Luft haben, dann schieben Sie ein festes Kissen dazwischen.

Gepäck: Männer haben vom Tragen Ihrer Aktenmappe oft eine abfallende rechte Schulter, während bei Frauen gewöhnlich die linke Schulter abfällt, da sie versuchen, einen Ausgleich für die im allgemeinen rechts getragene Tasche zu schaffen. Kaufen Sie sich eine kleine oder mittelgroße Handtasche, oder wenn Sie unbedingt viel Platz brauchen, schaffen Sie sich einen Rucksack an, damit das Gewicht über beide Schultern verteilt wird.

HILFE! Wenn Sie sich nicht zutrauen, die Übungen durchzuführen, oder wenn Sie meinen, Ihre Haltung stelle ein ernsthaftes Problem dar, dann gehen Sie zu einem Lehrer der Alexander-Technik. Die Alexander-Technik ist eine großartige Methode, die wirklich gute Ergebnisse erzielt. Sie lernen ganz von vorn, welche Haltung Sie beim Stehen, Sitzen, Gehen und Schlafen einnehmen sollen.

Moralische Unterstützung

Positives Denken: Wenn in Ihrem Kopf die „Ich bin ein Verlierer“-Kassette läuft, dann glauben Sie auch daran. Legen Sie die „Ich bin ein fröhlicher Sieger“-Kassette ein, dann fangen Sie an, Ihre positiven Erlebnisse aufzuzählen, statt bei den derzeitigen Enttäuschungen zu verweilen.

Setzen Sie sich ein Ziel: Wenn Sie sich einfach ziellos dahintreiben lassen, dann wirken Sie auch genauso ziellos, wie Sie sich fühlen. Setzen Sie sich ein Ziel, das Sie anspornt. Wenn das große Ziel zu hoch gegriffen ist, dann versuchen Sie es für heute oder für diese Woche mit kleinen. Räumen Sie zum Beispiel Ihr Schlafzimmer oder Ihr Büro auf, oder nehmen Sie Kontakt mit einem Freund auf, den Sie aus den Augen verloren haben. Noch bevor Sie es merken, werden Sie langfristigere Ziele anstreben und aussehen wie eine Frau, die weiß, wo's langgeht.

Hören Sie Musik: Nicht irgendeine, sondern die Musik, die Sie mögen und für die Sie nie genug Zeit haben. Gehen Sie in ein gutes Musikgeschäft (frühmorgens, wenn es nicht überfüllt ist), und suchen Sie sich einen Verkäufer, der sich mit Ihrer Musik auskennt, sie liebt und Ihnen einige Vorschläge über neue Kassetten oder CDs machen kann. Hören Sie sich die Musik erst einmal an, bevor Sie sie kaufen, denn die Geschmäcker sind ja bekanntlich verschieden.

Machen Sie Komplimente: Wenn Sie einem anderen den Tag verschönern, tun Sie sich damit selber etwas Gutes. Seien Sie immer aufrichtig. Wenn das Kompliment unglaubwürdig ist, werden Sie Ihre Augen und Ihre Gesten verraten.

Erforschen Sie regelmäßig Ihre Umwelt: Nehmen Sie mal einen anderen Weg zur Arbeit, probieren Sie etwas Neues am Mittag, machen Sie einen Spaziergang in der Nachbarschaft. Wir glauben immer, das große Abenteuer liege in der Ferne, und übersehen die Möglichkeiten, die sich in unserer nächsten Nähe bieten. Wer weiß, welche Naturwunder jemand in seinem Garten hütet oder welch wunderbarer Mensch in dem Buchladen an der Ecke arbeitet.

Schärfen Sie Ihre Sinne: Gießen Sie etwas ätherisches Öl in Ihr Badewasser oder stellen Sie eine Aromalampe auf und genießen Sie die wohltuende therapeutische Wirkung des Duftes. Die Aromatherapie hilft bei Langeweile, Reizbarkeit und Kopfweh, um nur einige Beispiele zu nennen.

Schaffen Sie sich einen Hund, eine Katze oder einen Hasen an: Wenn Sie ein lebendiges Geschöpf neben sich haben wollen, das sich immer über Ihre Anwesenheit freut und nicht viel mehr als etwas Liebe, Futter und Bewegung verlangt, dann schaffen Sie sich ein Haustier an. Doch bevor Sie sich für eines entscheiden, überlegen Sie, welche Bedürfnisse das Tier hat – und welche Sie haben.

Tagträume: Übertragen Sie Ihr kreatives Unbewußtes in Ihr Bewußtsein. Glänzende Ideen und Lösungen von Problemen können gerade unter der Oberfläche Ihres Bewußtseins schwelen, aber nicht in Ihr Bewußtsein dringen, da Sie sich keine Zeit zum Nachdenken lassen.

Wenn die Ideen durchsickern, warten Sie ab und erlauben Sie ihnen, an die Oberfläche zu treten. Wenn Ihr Leben hektisch verläuft, gönnen Sie sich die Zeit, in Tagträumen zu schwelgen.

Machen Sie aus dem Essen ein Fest: Wie viele Mahlzeiten pro Woche sind wirklich ein Genuß? Versuchen Sie ein Festmahl zu arrangieren, indem Sie die richtige Atmosphäre schaffen, die richtigen Gäste einladen und sich genug Zeit lassen, ein köstliches Mahl zu bereiten.

Legen Sie Musik auf, decken Sie liebevoll den Tisch, zünden Sie Kerzen an und erleben Sie, wie sich eine einfache Mahlzeit in ein Festmahl verwandelt.

Typveränderung

Fort

ür
eschrittene

Sie sind ernsthaft daran interessiert, Ihr Image aufzupolieren, und wollen alle Tricks lernen, die wir Image-Consultants kennen, um das Beste aus Ihrem Typ machen zu können.

In diesem Kapitel zeigen wir sieben Frauen, was zu ihnen paßt. Sie können das gleiche für sich tun, wenn Sie sich intensiver mit Farbanalyse (Kapitel 5), Make-up (Kapitel 7) und Körperformen (Kapitel 8) beschäftigen. Ein neuer Look beginnt oft mit einer neuen Frisur. Entdecken Sie, welche Frisur zu Ihrer Gesichtsform, zur Haarbeschaffenheit und Persönlichkeit paßt, damit Sie es nie wieder falsch machen. Wenn Sie experimentierfreudiger sind und die Haarfarbe verändern wollen, lesen Sie Kapitel 6.

Es wird Zeit, Ihre Accessoires durchzusehen. Sortieren Sie alles aus, was Sie nicht mehr brauchen oder was Ihnen nicht mehr gefällt, und gewöhnen Sie sich an, die übriggebliebenen Accessoires auch zu verwenden. Geben Sie Ihrem Aussehen den letzten Schliff durch ein hübsch drapiertes Tuch: Einige der hübschesten und unkompliziertesten Möglichkeiten sehen Sie auf Seite 53. Finden Sie heraus, wie Sie Ihr Lächeln durch Zahnpflege intensivieren können, und lesen Sie die Tips über Zahnhygiene, die Ihnen zu schöneren Zähnen verhilft. (Um sich über moderne Zahnheilkunde zu informieren, lesen Sie das Kapitel „Typveränderungen für Könner").

Sehen heißt glauben

JULIE Wenn eine Topsekretärin zur persönlichen Assistentin des Geschäftsführers befördert wird, bedarf ihre Garderobe einer Überprüfung. Maßgeschneiderte Kostüme können älter machen und von Kollegen als übertrieben mit Naserümpfen bedacht werden. Strenge Kostüme würden nicht zu einer jungen Frau wie Julie passen, die freundlich, lustig und sehr kompetent ist. Sie möchte die wichtigen Besucher ihres Chefs in einem eleganten, ansprechenden Outfit empfangen, doch bei ernsten Besprechungen auch die nötige Autorität ausstrahlen.

Julie sieht als Sekretärin sehr elegant aus und weiß, ein Accessoire wie zum Beispiel eine Weste kann einen Rock oder eine Bluse aufpeppen. Doch die modischen Schuhe mit Plateausohlen wirken wenig professionell und elegant. Junge berufstätige Frauen sollten darauf verzichten.

DAS ERGEBNIS Wenn Sie etwas schicker aussehen wollen, versuchen Sie eine neue Frisur. Dieser federige Stufenschnitt steht Julie gut, schmeichelt ihr. Wir haben ein paar dünne Strähnen eingefärbt, um ihrem Haar einen hellen Schimmer zu verleihen – eine gute Möglichkeit für Frauen, denen der Mut zur Farbe fehlt. (Mehr Frisurentips finden Sie auf S. 54). Nach einer Lektion in Schminktechniken sieht Julie viel gepflegter aus.

Einfach geschnittene Kleider sehen tagsüber im Geschäft und auch abends elegant aus. Wenn Julie sie mit einer farbigen Jacke kombiniert, unterscheidet sie sich von den weiblichen Managerinnen in ihren einheitlichen maßgeschneiderten Kostümen.

Julie wollte zwar mehr über Farben erfahren, stöhnte jedoch zuerst beim Anblick dieses Outfits in Zinnoberrot, unserer Empfehlung für Freizeitveranstaltungen wie zum Beispiel einem Rennen oder Golf- oder Tennisturnier. Leichte Strickwaren sind ideal für berufstätige Frauen, die sich nach dem Geschäft schnell umziehen müssen. Julie war so angetan von diesem Kleid und dem erschwinglichen Preis dieses hochwertigen Materials, daß sie es sich sofort kaufte.

KATE Man kann kaum glauben, daß Julies Mutter Kate 36 Stunden durchgearbeitet hat. Als ich sie nach ihrer normalen Arbeitszeit fragte, erwiderte sie lediglich „Ganztags und flexibel", genau das, was man von einer engagierten Hebamme erwartet, die den Frauen bei der Hausgeburt hilft. Es erübrigt sich, darauf hinzuweisen, daß ihr Alltagslook aus T-Shirt und Leggings besteht und sie meistens barfuß geht.

Wenn sie vor Frauengruppen Vorträge über die Hausgeburt hält, trägt sie gewöhnlich Bluse und Rock. „Ich denke, das ist angemessen, aber Sie werden es wohl etwas langweilig finden", sagte sie.

Ich liebe es, mit Frauen wie Kate zu arbeiten – reizende, interessante Frauen, die sich Gedanken machen, wie sie sich ihrem Alter entsprechend kleiden sollen. Ich sagte Kate, daß sie Teil dieses Alters sei und daß sie sich genau wie ihre Tochter modisch auf das neue Jahrtausend einstellen sollte. Denn warum sollte sie nicht modisch gekleidet sein, nur weil ihre Haare grau sind und sie keine Jungmädchen-Figur mehr hat.

DAS ERGEBNIS Kate war begeistert von diesem feschen „Anzug" – eine Blusenjacke und eine lockere Hose. Das lange Oberteil überspielt ihren Bauchansatz („mit 50 war er einfach da"), streckt ihre Figur und läßt sie um zwei Größen schlanker wirken. Dieses Marineblau mit pflaumenblauen

Nuancen wirkt schmeichelnder als sehr dunkle tintenfarbene Blautöne. Wegen ihres Kühlen und Gedeckten Colorits wird Kate mit vielen Purpurschattierungen, von Lila und Violett bis Pflaumenblau und Aubergine, großartig aussehen.

Wie die Mutter, so die Tochter?

Eine molligere Figur wie die von Kate sieht in Hosenanzügen immer femininer aus, zudem sind diese bequem, weil sie locker fallen. In einer engen Jacke aus schwererem Stoff würde Kate schwerfällig aussehen und sich unbehaglich fühlen. Figurbetonte Hosenanzüge können sehr streng wirken, ja ausgesprochen maskulin. Dann müssen Sie den strengen Look unbedingt durch Betonung der Weiblichkeit auflockern, durch eine kesse Frisur, durch Make-up und einen Hauch von Parfüm.

Das Nötigste im Büro

Jede berufstätige Frau sollte sich bequem, aber trotzdem modisch kleiden. Um sich an einem Tag, an dem etwas Wichtiges bevorsteht, entsprechend zurechtzumachen, müssen Sie ein Paar Dinge im Büro zur Hand haben. Sie können natürlich mit anderen Frauen einiges gemeinsam benutzen (z. B. Fön, Vergrößerungsspiegel, Watte).

Make-up Utensilien

- Puder
- Lippenkonturenstift und Lippenstift
- Mascara
- Watte und Kosmetiktüchlein

Überprüfen Sie vor einem wichtigen Termin Ihren Puder und Lippenstift. Wenn Sie heute morgen ohne Make-up aus dem Haus gegangen sind (schämen Sie sich!), tragen Sie wenigstens etwas Mascara auf.

Frisurenzubehör

- Stylingspray
- Stylingbürste
- Fön

Wenn Ihre Frisur nicht mehr richtig sitzt, sprühen Sie Spray an den Haaransatz, schütteln den Kopf, beugen ihn nach unten und fönen zwei bis drei Minuten lang die Haarwurzeln. Dann heben Sie den Kopf und arrangieren Ihre Frisur. Ihre Haare sind jetzt fülliger und lockerer.

Pflege-Utensilien

Reserve-Strumpfhosen
(naturfarben, schwarz/marine)
Nagelfeile
Farbloser Nagellack
Nagellackentferner
Nagelhautcreme und Handcreme

Widmen Sie vor einem wichtigen Treffen Ihren Händen eine dreiminütige Pflege, indem Sie rauhe Nägel feilen und sie schnell farblos lackieren. Wenn der Lack trocken ist, tragen Sie Nagelhaut- und Handcreme auf. Gehen Sie nie mit brüchigen oder schmutzigen Nägeln zu einem wichtigen Treffen.

Wichtiges Zubehör

Jacke
Ohrringe
guter Füller
geordnete Papiere

Ziehen Sie vor einer Besprechung immer eine Jacke an. Wenn Sie etwas vortragen müssen, knöpfen Sie Ihre Jacke zu, damit die Aufmerksamkeit auf Ihr Gesicht gerichtet ist (und nicht auf Ihren Busen). Ohrringe lassen Sie elegant und gepflegt aussehen. Wenn Sie Ihre ordentlich in einer Aktenmappe aufbewahrten Papiere und einen eleganten Füller (keinen Wegwerffüller) dabei haben, beweisen Sie Ihre Professionalität.

Bürokleidung

JACKEN: Wenn Sie Zweifel haben, greifen Sie zu einer Jacke. Testen Sie, wie Sie mit oder ohne Jacke wirken. Sie werden erstaunt sein, wieviel ernster man Sie mit Ihrem „Schutzschild" nimmt.

RÖCKE: Wählen Sie hochwertige Designs, mit denen Sie in ein Auto ein- und aussteigen und endlose Stunden vor dem Computer verbringen können, ohne daß sie knittern. Wenn Sie Röcke haben, die hochrutschen oder horizontale Dehnstreifen aufweisen, wird es Zeit, daß Sie eine andere Größe, einen anderen Stoff und einen anderen Schnitt aussuchen.

GÜRTEL: Runden Sie Ihre Blusen und Hosen mit einem guten Gürtel ab, damit Sie in jeder Hinsicht ordentlich aussehen. Wählen Sie glattes Kalbsleder oder Gürtel mit einfachem Design, denn das wirkt eleganter.

KONSERVATIV ODER MODISCH: Dies zu entscheiden, liegt an der Firma und nicht an Ihnen. Entsprechen Sie dem Firmen-Image nicht, dann müssen Sie damit rechnen, daß Sie Ihren Posten bald wieder los sind.

Typveränderungen für Karriere und Image

KAREN Mit 39 Jahren gab es Karen auf, eine Superfrau sein zu wollen, die ihren Job im Marketing bewältigt und gleichzeitig zwei kleine Kinder großzieht. Nun ist sie glücklich als Mutter, hat sich aber auch gleichzeitig mit Inneneinrichtung beschäftigt. Sie fing an, ihr eigenes Haus umzugestalten und möchte jetzt ihre Talente anderen anbieten. „Ich brauche wohl nicht erst zu betonen, daß ich mein eigenes Image eine Weile vernachlässigt habe. Ich würde gerne wissen, wie ich mich hübsch machen kann."

Karen beschreibt ihr derzeitiges Aussehen als das „einer hoffnungslos ver-

wirrten Mutter". Vor sechs Monaten ließ sie sich ihr taillenlanges Haar abschneiden und eine Dauerwelle machen, die aber nicht sehr gelungen ist.

Jetzt braucht sie dringend Empfehlungen über Farbe und Schnitt. Sie weiß, sie sollte sich mit Make-up beschäftigen, und gibt zu, daß sie unbedingt eine Auffrischung braucht, hat aber Angst, wie ein Tuschkasten herumzulaufen. Unsere Aufgabe ist es, ihr zu beweisen, daß die richtigen Farben nicht grell aussehen müssen, sondern ihre Gesichtszüge und ihren rosigen Teint betonen.

Karens klassisches Kleid paßt nicht zu ihrer natürlichen, kreativen Persönlichkeit. Sie ist groß und wirkt in einem leichten, gemusterten Stoff noch größer. Kleider sind für jede Frau, die mit Kindern auf dem Boden spielen will, zu heikel und zu formell. Wir wollen, daß Karens Image auch ihr neues Potential als Innenarchitektin ausstrahlt. Also braucht sie ein neues Outfit.

DAS ERGEBNIS Mittelbraunes Haar kann auf vielfältige Art coloriert werden, wie zum Beispiel mit Palisander- oder Kastanienbraun. Durch die Farbe werden Karens graue Strähnen perfekt abgedeckt, ihr Haar wirkt glänzender.

Größere Frauen sollten darauf achten, daß ihre Haare nicht zu kurz geschnitten sind, da dies nicht mit ihrer Figur harmoniert. Wir verpaßten Karen also einen leichten Stufenschnitt und gaben ihrer Frisur mit der Rundbürste Fülle. Bei ihrem Make-up verwendet sie satte, dunkle Farben, Pflaumenblau und Grau, die viel besser zu ihrem kühlen, klaren Colorit passen als die hellen Pastelltöne, die sie bisher verwendete.

Wir wählten ein elegantes pflaumenfarbenes Oberteil aus Samt und durchsichtigem Chiffon. Karen sieht darin kreativ und feminin aus. Eine gutsitzende schwarze Hose gehört in die meisten Garderoben. Diese hier besteht zu einem geringen Teil aus Lyrca, was sie bequem und elegant macht.

Karens neuer Look gab ihr großen Auftrieb, Selbstvertrauen und mehr Mut zu Farben und Veränderungen.

Zehn Top-Tips
für Mütter, die nicht wie Muttchen aussehen möchten

Zu Hause arbeitende Karrierefrauen müssen alles unternehmen, um immer so auszusehen, als gehörten sie noch dazu. Ich habe erlebt, wie solche freiberuflichen Powerfrauen bei Treffen mit den Ex-Kollegen völlig aufgelöst erschienen, gestreßt wegen irgendwelcher häuslicher Probleme, ohne Make-up und mit Haaren, die dringend der Pflege bedurften, von der Garderobe ganz zu schweigen. Einmal kam eine Management-Beraterin in einem Blümchenkleid und abgetragenen Golfschuhen zu einem Treffen. Das Kleid war hübsch, doch absolut muttchenhaft. Mit diesem Image kann sie keiner ernst nehmen.

MEINE TIPS SIND LEICHT UND EINFACH:

- Sorgen Sie dafür, daß die Kleidungsstücke, die Sie zusammenstellen, harmonieren. Tragen Sie immer eine Jacke über einem Kleid, selbst wenn es eine Blusenjacke ist (z. B. im Sommer).
- Vermeiden Sie Blumenmuster: Diese sehen entweder nach „Kaffeeklatsch" oder nach „Muttchen" aus.
- Fassen Sie langes Haar hinten mit einer eleganten Spange zusammen. Kurzes Haar sollte so gekämmt werden, daß es das Gesicht umrahmt und nicht brav anliegt.
- Tragen Sie Make-up – versuchen Sie nicht zu tricksen, indem Sie nur einfach Lippenstift und Puder benutzen.
- Tragen Sie bei Treffen Ohrringe, um zu zeigen, wie ernst Sie die Verabredung nehmen.
- Nehmen Sie keine Einkaufstüten zu geschäftlichen Besprechungen mit. Kaufen Sie sich eine elegante Einkaufstasche aus Leder, in der Sie Papiere, Brot und Milch verstauen können, ohne daß es jemand sieht.
- Schöne, doch strapazierfähige Strümpfe und Schuhe zeigen, daß Sie als Freiberuflerin gut zurechtkommen. Putzen Sie regelmäßig Ihre Schuhe.
- Tragen Sie Kleider, die Ihnen jetzt passen und nicht früher mal gepaßt haben.
- Duften Sie nach Parfüm, nicht nach Desinfektionsmitteln.
- Versuchen Sie, zehn Minuten früher bei einem Treffpunkt zu sein, um sich zu entspannen und sich auf das Geschäft, das zur Debatte steht, konzentrieren zu können.

In den Startlöchern für Europa

EMMA NICHOLSON Emma ist eine liberale Politikerin, setzt sich für die Menschenrechte ein und möchte demnächst ins Europaparlament einziehen. Sie wurde immer als eine der elegantesten, gepflegtesten Frauen der britischen Politszene angesehen.

Emmas klassischer, eleganter Stil ist durch und durch englisch. Es ist eine Herausforderung für alle weiblichen Parlamentsmitglieder, daß sie phantastisch aussehen müssen, wenn sie um Mitternacht eine Rede im Parlament halten, die die Nation am nächsten Tag im Fernsehen sehen wird. „Ich habe immer eine unkomplizierte Frisur und vergesse nie, meine Make-up-Utensilien bei mir zu tragen", sagt sie.

Als Emma als Parlamentsmitglied ausschied und sich auf ihre neue Aufgabe im House of Lords (Oberhaus) vorbereitete, wollte sie von uns beraten werden, wie sie ihr Aussehen verbessern könne. Es war nicht einfach, da sie älter wurde und doch noch im Licht der Öffentlichkeit stand. Wie viele hochkarätige Frauen beherrscht Emma das Grundwissen über gutes Aussehen und rühmt sich, daß sie nicht nur wisse, was ihr gefiele, sondern auch, was ihr stehe. Nachdem Emma jahrelang brave maßgeschneiderte Kostüme getragen hatte, ließ sie sich jetzt zu Hosenanzügen bekehren und bittet uns um Hilfe bei der Auswahl von Stoffen und Schnitten, die sich gut von einem Tages- in einen Abendlook verwandeln lassen. Da sich jetzt ihr ganzer Ehrgeiz auf das Europaparlament konzentriert, möchte sie sich auch Kleider zulegen, die modern aussehen und mehr dem internationalen Stil entsprechen als ihr einstmals typisch britischer Modestil.

DAS ERGEBNIS Emmas Frisur wurde verändert, weicher, moderner, wirkt durch die neue Farbe viel intensiver. Sie wählte einen Farbton, der ein paar Nuancen dunkler als ihre Naturfarbe war, was als Kontrast zu ihrem Teint etwas herb wirkte.

Für jede Frau, die wie Emma ein natürliches Colorit besitzt und ihre grauen Haare überdecken möchte, ist es besser, das Gesicht durch ein paar Strähnchen Aufheller zu umrahmen und dunklere Nuancen am Hinterkopf zu wählen: Goldtöne, Beige- und Kupfertöne passen gut zu Emmas Haut. Dann erhielt ihr Haar durch eine Tönung in Kastanienbraun einen wärmeren Glanz.

Emma wollte einen schwarzen Hosenanzug, mit dem sie tagsüber und abends richtig gekleidet wäre. „Ich weiß, Schwarz wirkt etwas streng an mir, aber es ist so praktisch.“ Als Image-Consultants beschäftigen wir uns mit solchen Problemen, und wir wollen den Frauen zeigen, wie sie Farben tragen können, die nicht unbedingt ihre besten Farben sind. Emma muß die Wirkung des schwarzen Hosenanzugs durch eine Bluse in einem warmgrundigen Farbton und durch ein Tuch auflockern.

Dieser Jerseyanzug ist nicht nur das bequemste Kleidungsstück für die Verwandlung eines Tages- in einen Abendlook, sondern wirkt auch zeitloser als ein steifer, maßgeschneiderter. Der Stoff bestimmt häufig, wie zeitgemäß ein Kleidungsstück wirkt.

Wenn Frauen feststellen, daß man allmählich ihr Alter an ihrem Hals erkennen kann, versuchen sie häufig, die Falten mit einem Tuch zu verdecken. Emma steht es am besten, wenn sie ihre Tücher lose drapiert. Wenn man die richtigen Farben gewählt und den passenden Stil gefunden hat, achtet man nicht auf kleine Schönheitsfehler, sondern konzentriert sich ganz auf die Person.

Aktualisierung der Accessoires

Wenn Ihre Kleidung wie zusammengewürfelt aussieht, liegt das vielleicht an Ihren Accessoires. Denn Ihre Schuhe, Ihre Handtasche, Ihre Uhr und Ihr Schmuck geben deutlich Auskunft über Ihre Persönlichkeit und Ihren Lebensstil. Ergänzen sich Ihre Accessoires harmonisch, oder sind sie eher schrill?

Falsch gewählte Accessoires – das übermäßig drapierte Tuch, der goldverbrämte Gürtel und die auffälligen Schuhe – erkennt man auf einen Blick. Die Entscheidung, welche Accessoires die richtigen sind, ist wesentlich und hängt von der Persönlichkeit der Trägerin und dem Anlaß ab. Sie allein kennen Ihre Lieblingsohrringe, und Sie allein wissen, weshalb und wie ein bestimmter Gürtel oder eine Handtasche mit Ihrer Kleidung kombinierbar ist. Sie wollen, daß alle Ihre Accessoires vielseitig verwendbar sind und müssen herausfinden, wonach Sie greifen müssen, wenn Sie entweder überzeugen oder schockieren wollen.

Das Recht, auszurangieren

Ihre Accessoires müssen, genau wie Ihre Garderobe, von Zeit zu Zeit ausrangiert oder für Ihre Töchter oder einen Kostümball beiseite gelegt werden. Schenken Sie Accessoires, die Ihnen nicht mehr gefallen, einem Wohltätigkeitsbasar.

Sondern Sie erbarmungslos aus. Schals können unverwüstlich sein, doch haben Sie welche aus minderwertigem Material oder altmodischem Design: Weg damit! Vielleicht haben Sie auch erkannt, daß Gürtel und Schals nicht zu Ihnen passen. Bei kurzem Hals wirken Sie mit Schals untersetzt. Eine breite Taille wird durch einen Gürtel nur noch verstärkt. Also überlegen Sie, welche Accessoires Sie behalten und welche Sie ausrangieren.

Überlegen Sie, ob es sich lohnt, matte Schmuckstücke aufarbeiten zu lassen (was vielleich mehr kostet, als das gute Stück wert ist!), sonst weg damit!

Sind Sie das wirklich?

Ihre Accessoires sollten Ihrem Wesen entsprechen. Vielleicht sind Sie es leid, weiterhin Perlohrringe zu tragen, und Sie wünschen sich etwas Fantasievolleres, weil Sie sich verändert haben. Langweilige Ohrringe passen nicht zu einer kreativen Frau mit persönlichem Flair.

Einige Schmuckstücke, wie zum Beispiel eine Kamee oder ein Medaillon, besitzen eher ideellen Wert und sind nicht leicht und gut zu kombinieren. Tragen Sie klassischen Schmuck zu einfachen Stoffen und einfachen Etui-Kleidern oder Twinsets, aber weniger zu Kostümen oder Druckstoffen.

Wenn Ihre Accessoires Ihr Image eher beeinträchtigen, dann wählen Sie solche, die Ihre Persönlichkeit unterstreichen. Kleiderkauf kann eine funktionale Tätigkeit darstellen, vor allem, wenn man Kombinationen sucht, doch der Einkauf von Accessoires kann auch riesigen Spaß machen. Das Schönste sollte Ihnen gerade gut genug sein (natürlich zum richtigen Preis!), und Sie sollten Dinge wählen, die nicht gerade jede andere Frau trägt.

Wichtige Accessoires

Armbanduhr: Wählen Sie eine, die Sie tagsüber und abends tragen können, aber keine aus Plastik. Nehmen Sie eine zierliche, wenn Sie einen zarten Knochenbau haben, eine große, wenn Sie einen schweren Knochenbau haben.

Ketten: Wählen Sie eine Allroundkette aus Perlen, Gold, Silber oder Gold und Silber, die zu allem paßt, zum Beispiel zu T-Shirts oder zu Geschäftskostümen, die also vielseitig ist. Wenn Sie Ihre Grundgarderobe für den Berufsalltag ausgesucht haben, wählen Sie Ketten aus Edelsteinen, Perlen oder Metall (in verschiedenen Längen). Wenn Sie selten zu festlichen Ereignissen gehen, leihen Sie sich eine Kette aus Straßsteinen (vielleicht auch aus Diamanten!), und geben Sie lieber Geld für eine handgearbeitete Kette aus, die Sie mehrmals im Monat tragen.

Ohrringe: Stellen Sie sich vor, welche Ohrringe Sie zu einem bestimmten Outfit tragen wollen. Wenn Ihre vorhandenen nicht passen, kaufen Sie neue, aus einem anderen Metall und mit anderem Design, aber seien Sie nicht zu experimentierfreudig. Modische Plastikohrringe sind wohl zu gewagt, wählen Sie lieber zeitlose, aber keine langweiligen Designs.

Ringe: Ein hübscher Ring wirkt nicht, wenn er mit zu vielen anderen kombiniert wird. Wenn Sie an jeder Hand mehrere Ringe tragen wollen, dann achten Sie darauf, daß sich die Metalle und Designs nicht gegenseitig ausstechen. Ringe ziehen die Aufmerksamkeit auf sich. Also schauen Sie, daß sich ein Blick auf Ihre Hände lohnt. Die Nägel sollten immer manikürt (nicht unbedingt lackiert!) und mit einer Handcreme gepflegt sein.

Armbänder: Es gibt Ring- und Armband-Fans, die manchmal auch beides zugleich sind. Ein flottes Mädchen mit einer Menge klirrender Armreifen hat sich an das Geräusch gewöhnt und merkt nicht mehr, wie sie die Nerven anderer strapaziert. Im Beruf sind sie völlig unpassend. Tragen Sie das Armband an dem Arm, den Sie nicht zum Schreiben benutzen, so daß es nicht jedesmal zu klirren anfängt, wenn Sie schreiben. Holz- und Plastikarmreifen sollten nur im Sommer getragen werden.

Gürtel: Haben Ihre Röcke und Hosen Gürtelschlaufen, sollten Sie unbedingt einen Gürtel tragen. Geben Sie sich aber nicht der Illusion hin, daß Ihr Gürtel gleichermaßen gut zu Jeans und Kostümen paßt. Ein breiter geflochtener Gürtel paßt nicht zu einem schönen Kleid, und Jeans verlieren mit einem praktischen Ledergürtel oder einem aus Kettengliedern ihren Pfiff.

Haben Sie eine wohlgeformte oder lange Taille, können Sie alle möglichen Gürtel tragen. Ist Ihre Taille kurz, dann wählen Sie den Gürtel Ton in Ton mit Ihrer Bluse und Ihrer Hose. Bei kurzer Taille sollten Sie Gürtelschlaufen vermeiden und den Gürtel locker über den Hüften tragen. Berücksichtigen Sie beim Kauf eines Gürtels auch die Kleidungsstücke, für die er bestimmt ist.

Sie werden mit einem Kettengürtel allein gut bedient sein, mehrere sind nicht notwendig.

Tücher und Schals

Wenn sie es bisher nicht gewußt haben, wird es Zeit, daß Sie entdecken, welche unglaublichen Möglichkeiten ein Tuch bietet, Ihr Outfit schnell und preiswert zu verwandeln. Dies kann ein einfaches Einstecktuch oder ein schickes Halstuch oder ein längeres farbiges Rechtecktuch sein.

Ein gemustertes Tuch kann ein echter Blickfang sein. Dafür muß aber die Kleidung schlicht sein, kein Durcheinander aus Farben und Stoffen. Und ein anderes Muster ist dann fast indiskutabel.

Viereckige Tücher

Sie bieten unzählige Möglichkeiten, den Hals zu schmücken (nicht vergessen: Sie können auch als Gürtel drapiert werden). Hier sind ein paar einfache Beispiele:

Langschals

Damit erzielen Sie mit geringem Aufwand eine große Wirkung. Sie können in die Jacke gesteckt oder als Blickfang dramatisch um den Hals oder die Schultern drapiert werden. Ein langer, schmaler Schal macht schlank – ideal für fülligere Figuren. Doch Vorsicht bei kleinen zierlichen Damen – zu lange Schals wirken wie eine Decke.

Die Verschönerung Ihrer Frisur

Eine neue Frisur verändert Ihr Aussehen grundlegend. Deshalb müssen Sie überprüfen, ob Ihre neue Frisur und Haarfarbe auch optimal zu Ihren Gesichtszügen und Ihrer Persönlichkeit passen.

Bei der Wahl einer Frisur sind drei Faktoren wichtig: Ihre Gesichtsform, die Haarstruktur und Ihre Persönlichkeit.

Gesichtsform

Leider versäumen es viele Friseure, zuerst einmal Ihre Gesichtsform von vorn und von der Seite zu studieren, bevor sie zu einer neuen Frisur raten. Ein guter Friseur ist ein Künstler, der das Beste aus Ihrem Gesicht macht. Doch allzuoft verpaßt man Ihnen eine Frisur, die Ihnen überhaupt nicht steht. Sofern Sie nicht ein ovales Gesicht mit harmonischen Zügen haben, sollten Sie darauf achten, Ihre Gesichtsform auszugleichen. Bei einem runden Gesicht wirkt ein runder Haarschnitt wenig schmeichelhaft. Ein strenger Bob macht ein viereckiges Gesicht noch strenger. Um Ihre Gesichtsform zu bestimmen, kämmen Sie das Haar aus dem Gesicht und binden es zusammen. Verteilen Sie ein paar Punkte Ihrer Foundation, Ihres Lippenstifts oder Abdeckstifts auf die hervorspringenden Partien Ihres Gesichts, um die Umrisse zu markieren: zwei Tupfer über den Augen am Haaransatz, einen Tupfer auf beiden Seiten der Schläfe, zwei am breitesten Punkt: Stirn, Wangen oder Kinn, und zwei auf dem Kinnverlauf, senkrecht unterhalb des Augenwinkels. Stellen Sie sich vor, Sie verbinden die Punkte miteinander. Nun erkennen Sie, was für eine Gesichtsform Sie haben.

OVALES GESICHT Das Gesicht ist ausgeglichen, und die Stirn stellt den breitesten Punkt dar. Bei der Wahl Ihrer Frisur müssen lediglich Ihre Haarstruktur und Ihre Persönlichkeit berücksichtigt werden.

RUNDES GESICHT Die Wangen sind prall. Das Gesicht wirkt kurz und breit. Geben Sie mit der Frisur die notwendige Länge. Vermeiden Sie Fülle an den Seiten, und verzichten Sie auf einen Mittelscheitel. Wählen Sie Frisuren, die das Gesicht verlängern.

HERZFÖRMIGES GESICHT Breitester Punkt ist die Stirn, und das Kinn ist sehr schmal. Um die Stirn zu kaschieren, wählen Sie einen Seitenscheitel oder einen Pony, der seitlich gekämmt wird. Das Kinn wird durch weiche Strähnen oder Locken, die weich und füllig fallen, überspielt.

BIRNENFÖRMIGES GESICHT Der breiteste Punkt ist an der Kinnlinie, die Stirn ist schmaler. Wählen Sie Fülle am Oberkopf und in den Seitenpartien mit einem Pony, der nach hinten oder zur Seite gekämmt wird. Achten Sie darauf, daß ein Teil Ihrer Stirn sichtbar wird.

VIERECKIGES GESICHT Schläfe und Kinnpartie sind gleich breit. Das Gesicht ist kurz und breit, die Züge scharf. Wählen Sie Frisuren, die dem Gesicht Höhe geben und die Breite verringern. Ist das Gesicht recht breit, kämmen Sie das Haar hinter die Ohren, damit es an den Seiten nicht zu füllig wirkt. Langes Haar mildert die Kinnlinie.

RECHTECKIGES GESICHT Die Stirn, die Schläfen und der Kiefer sind gleich breit, und das Gesicht ist lang und schmal. Um das Gesicht kürzer wirken zu lassen, empfiehlt sich ein Pony und eine kurze voluminöse Bobfrisur, der von den Gesichtszügen ablenkt.

RAUTENFÖRMIGES GESICHT Am breitesten sind die Wangenknochen. Stirn und Kiefer sind schmal. Sie müssen Ihre Wangen betonen, die Stirn und Kinnlinie mildern. Ungünstig ist ein dichter, glatter Pony. Wählen Sie lieber einen Stufenschnitt oder fedrig geschnittenes Haar, denn das zeigt Ihr Gesicht von vorn und von der Seite. Mittellange oder lange Haare, die an der Seite stufig geschnitten sind, schmeicheln.

Haar-Struktur

Ihre Haarstruktur ist durch die Gene bedingt. Doch auch andere Faktoren tragen dazu bei, ob Ihr Haar gesund oder angegriffen ist: hormonelle Veränderungen, Wechseljahre, Umweltverschmutzung und Feuchtigkeit.

Wenn Sie eine neue Frisur haben wollen, überlegen Sie, welcher tägliche Aufwand bei Ihrer Haarstruktur erforderlich ist. Sogar glattes und stumpfes Haar kann mit den richtigen Pflegeprodukten füllig und elastisch aussehen. Wenn Sie unsicher sind, suchen Sie den besten Friseur in Ihrer Umgebung auf, oder fahren Sie in die nächste Stadt, wo es Friseure gibt, die auf dem neuesten Stand sind.

Zuvor aber fragen Sie Freunde, deren Frisur Ihnen gefällt, um Rat. Bestimmt haben diese einen guten Friseur, der vielleicht auch für Sie geeignet wäre. Studieren Sie die Lokalzeitungen oder Zeitschriften, um die besten Salons herauszufinden. Rufen Sie ruhig auch die entsprechende Redakteurin an, und lassen Sie sich jemanden empfehlen.

Zeigen Sie dem Friseur Abbildungen von Frisuren aus Magazinen, und fragen Sie ihn, ob diese auch für Ihr Haar geeignet wären und wieviel Aufwand Sie für diese Frisur aufbringen müssen. Lassen Sie sich auch über Pflegeprodukte oder Behandlungen wie zum Beispiel eine Dauerwelle informieen, die die natürliche Struktur Ihres Haares ganz deutlich verändern können.

Lassen Sie keinen Friseur an die Schere, bevor Sie nicht sicher sind, daß er verstanden hat, was Sie wollen. Die besten Salons beraten Sie kostenlos, bevor sie einen Termin mit Ihnen ausmachen. Sie sollten vor der Haarwäsche, wenn sich das Haar noch in natürlichem Zustand befindet, mit dem Friseur überlegen, welcher Behandlung die Haare unterzogen werden. Haben Sie Zweifel an seinem Können oder an seiner Sensibilität gegenüber Ihren Wünschen, dann verlassen Sie den Salon. Ein kurzer peinlicher Moment erspart Ihnen vielleicht viel Kummer.

Bei chronischen Kopfhaut- oder Haarproblemen müssen Sie einen Haarexperten aufsuchen, der Ihnen wieder zu gesundem Haar verhilft, indem er Vitaminzusätze, eine bestimmte Ernährung und eine spezielle Behandlung empfiehlt.

Persönlichkeit

Wenn Sie die optimale Frisur wählen, die zu Ihrer Gesichtsform und Haarstruktur paßt, müssen Sie auch Ihre Persönlichkeit berücksichtigen. Befolgen Sie die Ihrer Gesichtsform entsprechenden Ratschläge, um den optimalen Look zu erzielen.

Gehen wir zum Beispiel davon aus, daß Ihr Haar lockig ist und schulterlang, doch Sie etwas dramatischer aussehen wollen. Wenn Sie einen kantigen Schnitt wählen und ein Gel benutzen, um Ihre Locken zu bändigen, sehen Sie sehr elegant aus.

Eine Frau mit scharfen Gesichtszügen und glattem Haar, die romantischer und weicher aussehen möchte, sollte ihr Haar stufig schneiden und sich eine saure Dauerwelle machen lassen, damit das Haar mehr Volumen bekommt. Außerdem sollte sie hübsche Spangen und Haarbänder benutzen, – das macht weiblich.

Wenn Sie eine neue Frisur aussuchen, soll diese Ihre Gesichtsform weicher wirken lassen, das Beste aus Ihrer Haarstruktur machen und Ihre Persönlichkeit betonen. Sind Sie mit Ihrem Friseur unzufrieden, suchen Sie sich einen neuen, der etwas kann und Ihnen sympathisch ist.

Verschönerung Ihres Lächelns: Schöne Zähne

Leider kommen die Zähne beim täglichen Schönheitsprogramm zu kurz. Im allgemeinen werden sie ein paar Minuten lang in aller Eile gebürstet, und das war's dann. Doch Ihre Zähne sind immer dabei und können jegliches Outfit zunichte machen, wenn Sie nicht dafür sorgen, daß sie gesund bleiben und gut aussehen.

Die richtigen Werkzeuge

Kann es vorkommen, daß Sie sich gewöhnlich mehr um Ihre Haarbürste und Ihr Shampoo kümmern und weniger um Ihre Zahnbürste und Zahnpasta? Denken Sie um. Denn durch die richtige Zahnbürste fühlen Sie sich motiviert, die Zähne länger und besser zu putzen (ideal sind 2 bis 3 Minuten zweimal täglich). Zudem verbessert sich der Zustand Ihres Zahnfleisches, und Sie haben länger Freude an Ihren Zähnen.

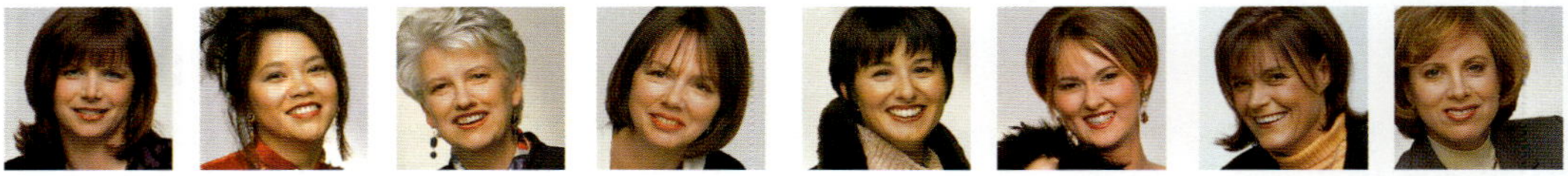

Ihre Zahnbürste: Die beste Investition wäre eine elektrische Zahnbürste, denn deren kleine Köpfe mit den kreisenden Bewegungen reinigen Zähne und Zahnfleisch viel gründlicher als eine normale Zahnbürste. Zudem werden Sie angeregt, länger zu putzen (meistens kündigt Ihnen ein aufflackerndes Licht das Ende des Putzvorgangs an). Beim nächsten Zahnarztbesuch wird Ihnen Ihr Zahnarzt bestätigen, daß sich der Zustand Ihres Mundes verbessert hat.

Zahnpasta: Wählen Sie eine Zahnpasta, die bleicht, Karies vorbeugt und den Atem erfrischt. Prüfen Sie die Ingredienzen, oder fragen Sie Ihren Zahnarzt um Rat. Vielleicht brauchen Sie auch eine Zahnpasta, die Tee-, Kaffee-, Rotwein-, Nikotin- und Obstsaftverfärbungen beseitigt.

Zahnseide: Benutzen Sie täglich Zahnseide, um die Nahrungsreste zwischen Zähnen und Zahnfleisch zu beseitigen, die Karies und schlechten Atem bewirken können. Packen Sie die Zahnseide morgens ein, damit Sie sie tagsüber in einer freien Minute benutzen können. Ich führe sie immer im Auto mit und nutze die Wartezeit in einem Verkehrsstau.

Check-ups: Gehen Sie zwei- bis dreimal pro Jahr zum Zahnarzt, um sich Zahnstein entfernen zu lassen, wodurch Sie ernstere Probleme vermeiden. Zahnstein bewirkt nämlich die Verfärbung der Zähne: Auf der rauhen Oberfläche bilden sich Zahnbelag und folglich auch Flecken. Überzeugen Sie sich davon, daß Ihr Zahnarzt vor dem Polieren eine Spezialpaste benutzt, die die Flecken entfernt.

Bleichen: Wollen Sie perlweiße Zähne, wie Sie sie im amerikanischen Fernsehen sehen, müssen Sie sich in den USA einer Bleich-Behandlung unterziehen, bei der Wasserstoffsuperoxyd verwendet wird. In Europa ist dies verboten, da Ratten, die damit behandelt wurden, Krebs bekamen. Doch Sie müssen eine Alternative dazu finden.

Um die Kaffee- und Rotweinverfärbungen zu mildern, geben Sie einmal pro Woche Backpulver auf die Zahnbürste, und bürsten Sie Ihre Zähne wie gewöhnlich. Machen Sie das aber nicht zu oft, sonst leidet Ihr Zahnschmelz darunter.

Zahnkorrekturen

Frauen jeden Alters sollten verfärbte, kaputte und schiefe Zähne korrigieren lassen. Schlechte Zähne ruinieren die natürliche Schönheit einer Frau mehr als alles andere, da kann auch ein gutes Make-up nichts mehr retten. Sicher, kosmetische Zahnbehandlungen kosten Geld, ja sogar ein kleines Vermögen. Ich kenne aber Frauen und Männer, die auf ein neues Auto und auf den Urlaub verzichtet und sogar einen Kredit aufgenommen haben, um ihre Zähne richten zu lassen. Das Ergebnis ist ein viel größeres Selbstbewußtsein. Mehr darüber im nächsten Kapitel.

MORALISCHE STÜTZE

Lächeln! Mit einem Lächeln sieht die Welt gleich ganz anders aus! Neueste Untersuchungen bestätigen, daß Lächeln und Lachen das Antikörper-Immunglobulin A freisetzen, das das Immunsystem stärkt. Also tut dies Ihrer Gesundheit und Ihrem Image gleichermaßen gut. Lächeln Sie die anderen beim Sprechen an (wenn es angebracht ist), und Sie erleben, wie diese das Lächeln erwidern. Jedes Gesicht gewinnt durch ein Lächeln.

Bürokleidung

Saloppe Kleidung: Vor allem leitenden Angestellten und Managern kann die Kleiderfrage Alpträume verursachen. Auch tagsüber im Job sollte Ihre Kleidung bequem sein, aber trotzdem professionell. Wählen Sie Kleidung von guter Qualität, und peppen Sie sie durch ein paar Accessoires auf. Haben Sie immer eine Jacke in Reichweite, damit Sie bei der Besprechung mit einem Kunden oder dem Chef immer korrekt angezogen sind.

Nerven: Werden Sie vor einer bevorstehenden Präsentation oder Konfrontation nervös, dann gehen Sie am besten an die frische Luft und legen zehn Minuten lang einen strammen Marsch um den Block zurück. Stellen Sie sich vor, wie Sie gleich glänzen werden und bei den Zuhörern eine gute Resonanz erzielen. Positives Denken und eine leichte Regulierung des Adrenalinspiegels können Wunder wirken.

Optimale Präsentation:
Sie benötigen einen Look, der die Aufmerksamkeit auf Ihr Gesicht lenkt. Wählen Sie bei Ihrer Kleidung schlichte Farben mit einem tollen Top, aber ohne aufregende

Accessoires. Knöpfen Sie Ihre Jacke zu, damit Ihre physischen Trümpfe nicht von Ihrer Leistung ablenken.

Nur kein Chaos: Überlegen Sie, was Sie bei einem Termin unbedingt dabei haben müssen; es muß einfach und funktional untergebracht sein. Erscheinen Sie nicht mit Taschen und Tüten beladen, denn das symbolisiert chaotisches Denken.

Aktenkoffer: Ob er aus Leder, glatt oder glänzend ist, er muß auf jeden Fall professionell wirken, darf nicht zu voluminös sein. Versuchen Sie, wichtige Unterlagen so einzuordnen, daß Sie sie mit einem Griff herausholen können.

Pumps: In Marine oder Schwarz sind sie ein Muß in der Garderobe berufstätiger Frauen.

Blusenjacken: Im Sommer sind Blusenjacken ideal, vor allem in Büros mit defekter Klimaanlage. Wählen Sie eine leichte von guter Qualität und gutem Schnitt, und tragen Sie sie über einem leichen T-Shirt, damit Sie bei der Arbeit nicht schwitzen.

Keine Uniform mehr

RITA Uniformen bedeuten für beruftstätige Frauen, daß sie morgens unbeschwert aufstehen können, ohne sich die tägliche Frage stellen zu müssen: „Was zum Teufel ziehe ich heute an?“ Rita hat ihre lässige Freizeitkleidung durchsortiert und bittet uns um Tips bei der Zusammenstellung einer eleganten saloppen Kleidung.

Auch ihre Haare brauchen Hilfe. Sie steckt ihr feines Haar einfach hoch. „Ich habe es aufgegeben, eine Frisur daraus zu basteln“, seufzte sie. „Es ist sinnlos, da mein Haar gleich wieder traurig in sich zusammenfällt.“ Feines Haar erfordert: 1. einen guten Schnitt, 2. ein leichtes Shampoo und 3. das richtige Styling-Spray. Dünnes Haar kann sehr modisch aussehen, wenn Ihr Friseur es versteht, es in Form und Schwung zu bringen. Rita sollte ein spezielles Shampoo für feines Haar benutzen oder Babyshampoo und nur ganz wenig Conditioner, wenn überhaupt. Ein gutes Styling-Spray, das auf den Haaransatz gesprüht wird, sorgt für Volumen. Sprays sind besser als Gels oder Styling-Schaum.

DAS ERGEBNIS Strickkleidung kann bequem und schick sein. Kombinieren Sie zwei oder drei Teile aus der gleichen Kollektion, die Ihnen viele Variationsmöglichkeiten bieten. Neben dem Rock wählte Rita eine Hose und eine lange Strickjacke und dazu eine Bluse und einen Pullover. Mit einem Schal, einem T-Shirt und Stiefeln wäre sie fürs Wochenende ausgerüstet.

Frauen in mittleren Jahren wie Rita scheuen sich oft davor, ihren alten Stil zu ändern. „Sehe ich nicht altmodisch aus in einem langen Rock?“ fragte sie. Aber nein!

Wählt eine Frau moderne Stoffe und Schnitte, die ihr stehen, sieht sie in jedem Alter umwerfend aus. Als Rita auch noch das völlig neue Make-up sah, das wir ihr empfahlen, kicherte sie. „Bin das wirklich ich? Ich hätte nie gedacht, daß ich so gut aussehen kann!“

Typveränderung

ür

Könner

Sind Sie bereit, die vielen Möglichkeiten zu nutzen, sich radikal zu verändern? Bevor wir überlegen, wie Sie Ihre Schwachstellen ausmerzen können, müssen wir und Sie ganz sicher sein, daß Sie für eine „Totalrenovierung“ bereit sind.

Keine Behandlung, Therapie oder Typveränderung kann Ihr wahres Wesen verändern. Wenn Sie glauben, daß sich Ihr Leben durch Brustimplantate oder Fettabsaugung an den Schenkeln verändern wird und Sie jetzt endlich den Mann Ihrer Träume kennenlernen, vergessen Sie's. Jedes Problem muß individuell und angemessen angegangen werden. Sie müssen die Ursachen erkennen und sie dann beheben. Wenn Sie nur anders aussehen, wenn auch viel besser, fühlen Sie sich wohl selbstbewußter, doch die Probleme sind dadurch nicht gelöst.

In diesem Kapitel untersuchen wir Möglichkeiten, wie Sie sich radikal verändern können. Einige Dinge kosten nichts – zum Beispiel die Veränderung Ihrer Stimme. Andere sind ebenfalls kostenlos, erfordern jedoch viel Anstrengung – wie zum Beispiel eine bessere Figur. Wieder andere sind nur möglich mit einem großen Bankkonto – wie zum Beispiel kosmetische Operationen. Vielleicht finden Sie es seltsam, sich aus kosmetischen und nicht aus gesundheitlichen Gründen operieren zu lassen, doch für viele Frauen (und Männer) ist dies der richtige Weg. Seien Sie offen für alle Möglichkeiten, wenn nicht jetzt, dann vielleicht später einmal.

Radikalkur für die Garderobe

Spiegelt Ihre Garderobe die Frau wider, die Sie heute sind und sein wollen? Vielleicht müssen Sie im Job von Montag bis Freitag eine Art „Uniformierung“ tragen, die nicht Ihrem wahren Ich entspricht. Beeinträchtigt die Tatsache, daß Sie eine „Uniform“ tragen müssen, Ihr Selbstbewußtsein und Ihre Moral? Wenn ja, sollten Sie sich einen neuen Job suchen, bei dem Sie sich nicht „verkleiden“ müssen.

Viele Frauen geraten in Aufruhr, wenn sich ihre Lebensumstände ändern – ein neuer Job, ein neues Haus, neuer Mann oder Verlust des Partners oder Geburt oder Verlust eines Kindes. Wenn sich Ihr Leben positiv oder negativ verändert, sollten Sie einen Blick in den Spiegel werfen und sich fragen, ob Sie sich nicht ebenfalls verändern sollten.

Scheidung oder der Tod eines Partners bedeuten den größten Einbruch. Es ist seltsam, nach Jahren der Zweisamkeit wieder allein zu sein. Sie müssen jetzt allein zurechtkommen und Ihr Aussehen verändern, damit Sie sich wieder als Individuum der Welt stellen können.

Neue Identität, neues Ich

SUE Manche Frauen reden nur darüber, fit zu werden, andere tun es wirklich. Sue gehört zu letzteren.

Als Sue einmal den Londoner Marathonlauf im Fernsehen sah, sagte sie: „Eines Tages mache ich da mit." Ihre Familie lachte schallend: Sue wog damals 95 Kilo, hatte einen sitzenden Beruf und achtete nicht auf ihre Ernährung. Täglich verspeiste sie ein bis zwei Stück Torte zum Kaffee, und abends nahm sie zu den Mahlzeiten ein paar Bier zu sich. „Plötzlich hatte ich Kleidergröße 46", erzählte sie uns.

Zusammen mit ihrem Mann meldete sich Sue beim Sportverein an und stellte fest,

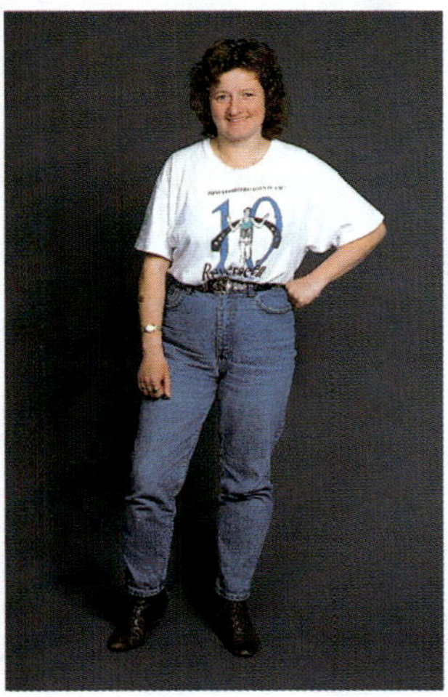

daß ihr die körperlichen Aktivitäten sogar Spaß machten. Sue gewöhnte sich an, zusammen mit ihrem Sohn um den Block zu rennen, und beide amüsierten sich gut dabei.

Um Gewicht zu verlieren, änderte Sue ihren Lebensstil radikal. Sie verzichtete auf jede Art von Fast Food und Fertiggerichten sowie auf Alkohol und wunderte sich, wie die Pfunde purzelten, ohne daß sie Kalorien zählte. Zudem verkaufte sie ihr Auto und fuhr täglich mit dem Rad zur Arbeit (25 Kilometer hin und zurück).

In knapp einem Jahr hatte sie über 30 Kilo verloren und konnte wieder in normale Geschäfte gehen statt in Spezialgeschäfte für Übergrößen. Ihre veränderte Figur und die neue Fitneß verliehen ihr Selbstvertrauen, aber die Ehe wurde dadurch belastet. Ihr Mann konnte mit der neuen, positiv eingestellten Sue, die Freundschaften schloß und neue Interessen entwickelte, wenig anfangen. Doch Sue blieb motiviert und führte ihr Training konsequent durch, und schließlich kam es zur Trennung von ihrem Mann. Sie lernte einen anderen Mann kennen, der sie bei ihrem ersten Marathon unterstützte. Inzwischen hat Sue bereits dreimal am Londoner Marathonlauf teilgenommen.

DAS ERGEBNIS Nachdem Sue ihre Zeltkleider ausrangiert hatte, entschied sie sich für Jeans und T-Shirts. Doch in steifen, anliegenden Jeans kommt ihre Sanduhr-Figur nicht gut zur Geltung. Da ihre Garderobe überwiegend schwarz ist, bat sie uns um Farbvorschläge. Ihr heller Teint wird durch klare, fröhliche Farben vorteilhaft unterstrichen, das heißt, erst schaut man auf Sue und dann erst auf ihre Kleidung. Weiche, schmiegsame Stoffe lassen eine kurvenreiche Figur schlanker wirken.

Ein neuer Körper
Plastische Chirurgie

Falls Sie mit einem bestimmten Schönheitsfehler nicht fertig werden, sollten Sie einen chirurgischen Eingriff erwägen. Die Möglichkeiten sind heutzutage gigantisch. Wenn es Roseanne Barr, Elizabeth Taylor, Tom Cruise und viele andere Prominente geschafft haben, weshalb dann nicht Sie?

Wenn Sie dieses und vielleicht auch nächstes Jahr auf Ihren Urlaub verzichten oder unerwartet Ihre Tante beerben, dann sollten Sie dem Makel zu Leibe rücken, der Ihnen täglich im Spiegel ins Gesicht starrt. Die Korrektur etwa einer krummen Nase oder abstehender Ohren stärkt das Selbstbewußtsein von Männern und Frauen ganz erheblich und gleichermaßen.

Operation ja oder nein?

Plastische Operationen sind nicht jedermanns Sache, denn sie bergen Risiken in sich. Sie brauchen nicht nur einen qualifizierten Chirurgen, sondern auch einen, der Ihnen Vertrauen einflößt.

Als erstes müssen Sie sich mit Ihrem Hausarzt beraten, der sich über den Chirurgen erkundigen sollte, den Sie ins Auge fassen. Denn ein Chirurg, der Unfallopfer operiert, ist nicht zwangsläufig auch ein guter Schönheitschirurg.

Wenn Sie einen plastischen Chirurgen aufsuchen, achten Sie darauf, ob er Druck auf Sie ausübt, denn jede Klinik, die ihre Patienten zur Operation drängt, obwohl diese dazu noch nicht bereit sind, ist wenig vertrauenswürdig. Erkundigen Sie sich über alle möglichen Nebenwirkungen, damit Sie wissen, was auf Sie zukommt.

Konsultieren Sie ruhig zwei bis drei Chirurgen, damit Sie nach ausführlichen Informationsgesprächen das Gefühl haben, die optimale Wahl getroffen zu haben.

Es gibt die verschiedensten Schönheitsoperationen. Hier sollen die üblichsten beschrieben werden.

Gesichtsbehandlungen

Nasenkorrekturen: Die Nasenkorrektur oder Rhinoplastik erfolgt unter Vollnarkose. Da der Eingriff von innen aus vorgenommen wird, entstehen keine Narben. Wenn Sie zuviel Knorpelgewebe in der Nase haben, verbessert sich durch den Eingriff auch Ihre Atmung (oder Ihr Schnarchen wird gemildert!). Ihre Nase kann leicht umgeformt oder völlig neugestaltet werden. Fünf bis sieben Tage müssen Sie eine Schiene in der Nase tragen.

Kinnoperation: Um ein fliehendes Kinn anzugleichen, wird durch einen leichten Schnitt unter dem Kinn ein Silikon-Implantat eingeführt. Die Schmerzen sind minimal, die Heilung benötigt nur etwa eine Woche. Das gleiche Verfahren wird bei der Wangenkorrektur angewandt.

Lidkorrekturen: Die Blepharoplastik, die Korrektur von Schlupflidern (das Entfernen überschüssiger Haut), kann am Oberlid erfolgen oder unter den Augen, um Tränensäcke und Falten zu beseitigen. Ungefähr zwei Wochen lang sehen Sie danach aus, als ob Sie einen Boxkampf hinter sich hätten, doch in sechs bis acht Wochen wird das positive Ergebnis sichtbar.

Ohrkorrekturen: Dabei werden abstehende Ohren korrigiert. Diese Operation kann in jedem Alter durchgeführt werden. Die Heilung erfordert nur fünf bis sieben Tage.

Endoskopische Gesichtschirurgie: Darunter versteht man ein Gesichtslifting. Ein Endoskop wird in kleine Löcher am Haaransatz und in den Mund eingeführt. Damit kann der Chirurg die Haut im Gesicht und an der Stirn straffen. Mit dieser Methode können Sie die Stirn oder das Gesicht liften, sie ist aber nur wirkungsvoll bei minimaler Schlaffheit. Eine Stirnstraffung erfordert sieben bis zehn Tage Rekonvaleszenz, die Gesichtsstraffung ungefähr zwei Wochen. Doch bedenken Sie: Es können dabei Stirnnerven beschädigt werden.

Totales Gesichtslifting: Dabei erfolgen Schnitte im Mund und von einem Ohr zum anderen. Der Chirurg dehnt die Gesichtshaut und strafft sie. Dieser Eingriff empfiehlt sich bei starken Falten. Die Rekonvaleszenz dauert bis zu acht Wochen.

Peeling und Laserbehandlung: Diese Methode eignet sich für Frauen, die die Beseitigung von Falten, Pigmentflecken oder Narben (Akne) wünschen. Prüfen Sie die Referenzen der entsprechenen Kliniken, um die beste auszuwählen.

Skin-Peeling: Hierbei werden hohe Dosierungen von Glykol oder Milchsäuren oder Retin-A verwendet. Bevor der Arzt das Peeling durchführt, muß er Ihre Verträglichkeit auf die Peeling-Wirkstoffe sorgfältig testen.

Dermabrasion: Bei dieser Methode werden die oberen Hautschichten abgelöst. Sie eignet sich besonders bei Narben und sonnengeschädigter Haut. Da sich auf der abgetragenen Hautoberfläche neue Haut bildet, müssen Sie sich ungefähr einen Monat lang zurückziehen.

Da Sie danach höchst sonnenempfindlich sein werden, ist im ersten halben Jahr nach dem Peeling ein Sunblocker unerläßlich.

Laserbehandlung: Die Oberschichten der Haut werden weggebrannt. Das kann auch punktuell erfolgen (unter einem Auge oder um den Mund). Aber da die neue Haut ganz anders beschaffen ist als die alte, sehen diese Regionen drei oder vier Wochen lang wund aus. Darum ist es besser, das ganze Gesicht auf einmal zu behandeln.

Körperkorrekturen

Die Brüste

Brustverkleinerung: Sie empfiehlt sich bei Frauen mit schweren Brüsten. Durch einen Schnitt entweder unter der Brust oder um die Brustwarze wird überschüssiges Brustgewebe entnommen. Sollte erst nach Entbindungen gemacht werden.

Brustanhebung: Frauen, die es verschmähten, einen Büstenhalter zu tragen, müssen jetzt durch Hängebrüste dafür büßen. Empfiehlt sich erst nach Geburten.

Brustvergrößerung: Silikon-, Salz- oder Soja-Implantate werden unter das Brustgewebe geschoben. Dies hinterläßt eine winzige Narbe. Die Soja-Implantate, die auch durch die Mammografie erfaßt werden können, sind den problematischen Silikon-Implantaten vorzuziehen, die immer noch sehr umstritten sind und angeblich auch das Immunsystem schwächen.

Fettabsaugung

Liposuktion und Liposkulptur: Dieses Verfahren, das auch von Frauen bevorzugt wird, die zu faul sind, Sport zu treiben oder sich bewußt zu ernähren, ist angebracht bei hartnäckigen Fettpolstern, die Sie entweder geerbt haben oder beim besten Willen nicht loswerden. Alle Körperstellen, an denen sich Fett bildet, können behandelt werden: Gesicht, Hals, Brüste, Bauch, Schenkel, Gesäß, sogar Knöchel.

Nur ein erfahrener Chirurg sollte die Fettabsaugung vornehmen, in den Frauenzeitschriften erscheinen darüber immer wieder Horrorgeschichten. Aber wenn sie fachgerecht ausgeführt wird, kann sie ein Segen sein. Bis zu vier Wochen danach muß man mit Schwellungen rechnen.

Wunder ohne Operation

Gesichtsübungen: Vor Jahren arbeitete ich mit Eva Fraser und sah die Ergebnisse ihrer Übungen an ihr und mir. Diese Übungen können in ein normales Schönheitsprogramm integriert werden, können aber auch gemacht werden, wenn man mit dem Auto im Verkehrsstau steckt oder während des Fernsehens.

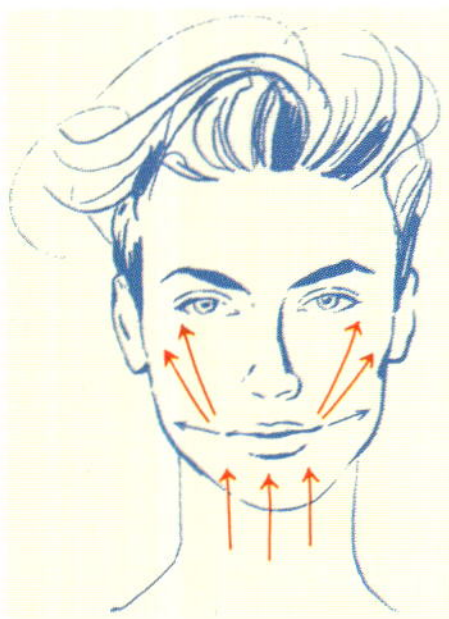

Straffung von Hals, Kiefer und Gesicht

Ein schlaffer Hals macht älter, wirkt streng und unvorteilhaft. Diese Übung wird die Muskeln im unteren Teil des Gesichts und in den Wangen festigen.

- Sitzen Sie aufrecht mit gestrafften Schultern. Schieben Sie den Kiefer vor, so daß der Hals gestreckt ist.
- Öffnen Sie den Mund, indem Sie den Kiefer nach unten fallen lassen. Dehnen Sie den Kiefer langsam, und ziehen Sie die unteren Zähne über die oberen.
- Ziehen Sie die Unterlippe nach oben, als ob Sie Ihre Nasenspitze berühren wollten.
- Lächeln Sie von dieser Stellung aus fünfmal hintereinander in die in der Abbildung markierten Richtungen.
- Wiederholen Sie diese Übung dreimal pro Tag.

Das gewinnende Lächeln (1)

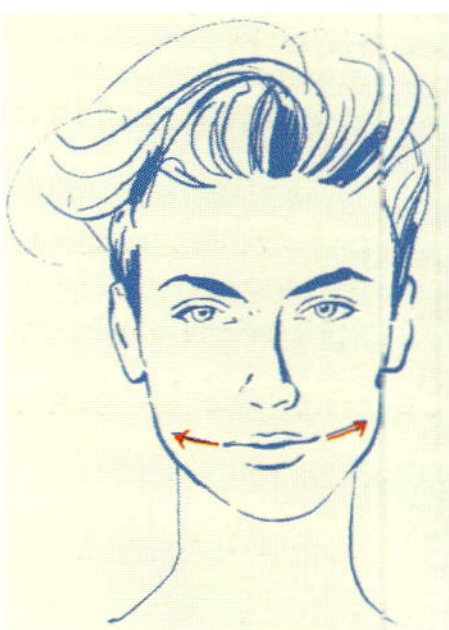

Um Hängebacken zu bekämpfen, machen Sie die folgenden beiden Übungen, und Ihr Lächeln bleibt bezaubernd.

- Halten Sie den Mund geschlossen und die Zähne zusammen, aber ganz entspannt. Keine anderen Gesichtsmuskeln dürfen gespannt sein, besonders nicht um die Augen.
- Halten Sie Lippen und Zähne zusammen, und lächeln Sie fünfmal hintereinander in der in der Abbildung markierten Richtung.
- Halten Sie an der breitesten Stelle für 10 Sekunden inne. Lächeln Sie fünfmal hintereinander in der Gegenrichtung.
- Wiederholen Sie dies dreimal pro Tag.

Das gewinnende Lächeln (2)

Mit zunehmendem Alter bekommen wir eine schlaffere Mundpartie. Doch diese Muskeln können trainiert werden, so daß Sie fröhlicher, jünger und weicher wirken.

- Halten Sie die Lippen geschlossen und die Zähne aufeinander, keine Anspannung im Gesicht.
- Fangen Sie erst mit einer Seite des Mundes an. Lächeln Sie zu einer Seite und heben den Mundwinkel fünfmal in Richtung des Pfeils.
- Halten Sie 5 Sekunden inne, und versuchen Sie, Ihre Wangenmuskeln bis zum Auge anzuspannen. Wiederholen Sie das fünfmal.
- Wiederholen Sie die Übung dreimal täglich auf jeder Seite.

Große Augen

Das Alter wirkt sich auf die Augen aus. Noch vor dem 30. Lebensjahr können die Lider schlaff werden. Diese Übung ist sehr wirksam.

- Stützen Sie die Ellbogen auf eine feste Oberfläche. Krümmen Sie leicht die Zeigefinger, und legen Sie sie auf den Augenbrauenbogen.
- Spannen Sie die Muskeln an und schieben Sie die Lider auf und ab.
- Blicken Sie geradeaus, und schließen Sie langsam die Lider. Kneifen Sie sie 6 Sekunden zusammen.
- Kneifen Sie die Lider bei geschlossenen Augen dreimal zusammen.
- Öffnen Sie die Lider und entspannen Sie. Wiederholen Sie dies dreimal täglich.

Mikrostrom-Massage: Hierbei werden elektrische Sonden verwendet, um die Blutzirkulation anzuregen und die Muskeln zu straffen. Je besser durchblutet die Gesichtsmuskeln sind, desto zarter wirkt die Haut, und die Falten sind weniger sichtbar. Eine einstündige Sitzung kann das Gesicht frischer erscheinen lassen, für dauerhaften Erfolg sind sechs Sitzungen erforderlich.

Elektroimpulse: Eine sterile Nadel wird in Linien über die Haut geführt, um die Collagen- und Elastinproduktion zu stimulieren. Dann wird die Haut mit Rollen behandelt. Dies dauert zwei Stunden und ist besonders wirkungsvoll an Stirn und Oberlippe.

CACI: Bei diesem natürlichen Gesichtslifting werden die Stützmuskeln des Gesichts durch Schwachstrom gestrafft und die allgemeine Hautbeschaffenheit verbessert. Eine gute Methode, die aber mindestens zwölf Sitzungen erfordert, um zumindest kurzfristige Ergebnisse zu erzielen.

Behandlungen im Kosmetiksalon: Viele Kosmetiksalons bieten die neuesten und wirkungsvollsten Hautmassagen an, um eine bessere Durchblutung und Struktur zu erzielen. Auf jeden Fall fühlen Sie sich bei solch sorgfältiger Massage mit köstlich duftenden Pflanzenextrakten besser und sehen gut aus.

Geld für ein Lächeln

JULIA Wenn ich jemandem vorschlage, er solle lieber zugunsten einer Zahnkorrektur auf den Urlaub verzichten, ist die erste Reaktion ein leichter Schock, der aber sofort durch begeisterte Zustimmung abgelöst wird. Oft höre ich: „Hätte man mir das doch nur schon früher vorgeschlagen."

Nachdem sich einer von Julias Söhnen im Urlaub wenig schmeichelhaft über ihre Zähne ausgelassen hatte, suchte sie einen von Londons Top-Zahnärzten auf und ließ sich ausführlich beraten.

„Mutti", hatte ihr Sohn bemerkt, „du siehst besser aus, wenn du nicht lächelst. Deine Zähne sind grauenhaft." Julia erklärte mir: „Seit meiner Jugend bin ich beim Zahnarzt. Zur Zeit leide ich unter Zahnfleischschwund, meine Vorderzähne verfärben sich, und ich habe den ganzen Mund voller Amalgamfüllungen, die unbedingt raus müssen. Also habe ich beschlossen, meinen Söhnen und mir zuliebe eine Generalüberholung machen zu lassen."

Der Zahnarzt Neil Lawson-Baker bestätigt, wie der Zustand der Zähne die Persönlichkeit beeinflußt. „Ich habe Frauen und Männer erlebt, die nach einer Zahnkorrektur ganz anders kommunizierten." Julias Situation ist nicht ungewöhnlich. Viele Frauen in den Dreißigern müssen Zahnkorrekturen vornehmen lassen, weil sie verfärbte Kronen, Implantate oder Füllungen haben.

Julias Investition hat sich gelohnt. Ihre Zähne sind jetzt eine Augenweide. Nun muß sie nur noch ihr Outfit modernisieren.

Als gestreßte Mutter und Ehefrau liebt sie Jeans, Pullover, Bluse und Blazer. Doch in der Stadt sind Jeans nicht immer das richtige Outfit, um ein schickes Geschäft zu betreten oder sich zum Lunch zu verabreden. Julia ist jetzt Mitte Dreißig und möchte sich modisch aufpeppen. Sie stimmte zu, daß sich die Verwandlung von „modisch und schick" in „umwerfend, aber muttchenhaft" ganz heimtückisch vollzieht. „Bevor Sie es merken, möchten Sie es nur noch bequem und pflegeleicht haben. Seien Sie ehrlich, ich muß wissen, wie alt ich bin. Die neueste Mode ist wohl nichts mehr für mich", sagte sie. Aber selbstverständlich!

DAS ERGEBNIS: Für Julias Haarstruktur ist ein Stufenschnitt ideal, der genauso leicht zu pflegen ist wie ihr bisheriger Schnitt, aber viel pfiffiger aussieht. Sie brauchte auch einen weicheren Farbreflex, der ihr Colorit vorteilhaft betonte. Wir mischten vier Farben, die eine sattere und modischere Haarfarbe ergaben.

Frauen jeden Alters sollten mit Stoffen experimentieren, denn neue Materialien und Muster können eine Garderobe auflockern. Julias Lebenssituation entsprechend suchten wir Alternativen für Jeans und Jacken.

Statt der formlosen Wolljacke wählten wir eine Lederjacke, die praktisch und attraktiv ist. Eine klassisch geschnittene Lederjacke von guter Qualität kann sehr schick aussehen. Julia war gespannt, was ihr recht konservativer Mann für Augen machen würde, wenn sie mit dieser sexy schoko-

ladefarbenen Jacke heimkommen würde. Leder ist heute recht preisgünstig und peppt Jeans auf. Mit dieser samtigen Baumwollhose im Leopardendesign und ihrer Jacke hatte sie ein völlig neues Image, das modisch, bequem und ihrem Lebensstil angepaßt war.

Eine neue Stimme

Die Qualität, der Rhythmus, die Klarheit und Individualität Ihrer Stimme sprechen Bände. 38 Prozent der Wirkung, die Sie auf Menschen ausüben, hängen von Ihrer Stimme ab. (Professor Mehrabians Untersuchung „Silent messages" hat ergeben: 55 Prozent der Wirkung machen das Aussehen und Verhalten aus, 38 Prozent die Stimme und nur 7 Prozent der Inhalt der Worte.) Was sagt Ihre Stimme über Sie aus?

Wir alle haben schon mal mit Fremden telefoniert und uns vorgestellt, wie die Person wohl aussehen und sein könnte. Aus der Art, wie ein Mensch spricht, bilden wir uns ein Urteil über sein Alter, sein Aussehen, sein Selbstvertrauen, seine Vitalität, seinen Background, seine Kompetenz und seinen Lebensstil.

Viele Menschen wollen, daß durch ihre Stimme ihre Persönlichkeit zum Ausdruck kommt. Die meisten würden gern interessanter, faszinierender klingen, damit ihnen die anderen intensiver zuhören. Vielleicht sollte einfach Ihre Diktion klarer sein und Ihre Tonhöhe modulierter. Kleine Veränderungen können eine große Wirkung haben.

Es ist beruhigend zu wissen, daß wir alle sprechen lernen und deshalb auch wieder umlernen können. Wenn Sie das Gefühl haben, daß Eltern, Lehrer oder Freunde Ihnen nicht geholfen haben, eine bessere Stimme zu entwickeln, liegt es jetzt an Ihnen, etwas dafür zu tun.

Ich bin keine Sprachtherapeutin, habe aber im Laufe der Jahre mit verschiedenen gearbeitet und bei Frauen und Männern, die von ihnen geschult wurden, fantastische Erfolge erlebt. Ihr Selbstbewußtsein wuchs: Man hörte ihnen aufmerksamer zu, was wiederum ihr Selbstwertgefühl erhöhte. Kaum etwas verleiht uns mehr Bedeutung, Interesse und Wertschätzung, als wenn uns andere aufmerksam zuhören.

Eine Sprachtherapie ist nur nötig, wenn Sie das Gefühl haben, Ihre Stimme untergrabe Ihre Effizienz im Job. Sie können Ihre Stimme verbessern, wenn Sie einer Theatergruppe oder einem Chor beitreten. Beides kann sowohl Ihrer Stimme als auch Ihrem gesellschaftlichen Leben zugute kommen!

Stellen Sie sich eine Frau vor, deren Stimme Sie mögen. Überlegen Sie! Was genau mögen Sie an Ihrer Stimme? Fehlen diese Eigenschaften Ihrer eigenen Stimme? Wie genau sollte sie klingen?

Angemessene Stimme

Ihre physische und mentale Gesundheit beeinflußt die Qualität Ihrer Stimme. Eine deprimierte Stimmung ist sofort erkennbar. Wenn Sie bei anderen einen guten Eindruck machen wollen, auch wenn Sie sich nicht super fühlen, müssen Sie sich physisch und emotional im Zaum halten.

Vor einer wichtigen Verabredung oder einem Anruf wollen Sie voller Dynamik und Kraft sein. Eine kräftige Stimme verrät Begeisterung und Interesse, Ruhe und Beherrschtheit flößen Vertrauen ein.

Um energisch zu klingen, müssen Sie es auch sein. Also bewegen Sie sich! Machen Sie vor einem wichtigen Anruf einen strammen Marsch um den Block, damit Ihr Blut pulsiert. Wenn Sie tief durchatmen, werden Sie munter, aber gleichzeitig auch ruhiger.

Wenn Sie vor einer Verabredung nervös sind, legen Sie sich auf den Boden. Legen Sie ein Kissen oder ein zusammengerolltes Handtuch unter Ihr Becken, um die Spannung in Ihrem Rücken zu mildern. Strecken Sie sich nach allen Seiten. Legen Sie die Arme über den Kopf, und tun Sie so, als ob Ihre Arme und Beine in entgegengesetzte Richtungen gezogen würden. Verharren sie zehn Sekunden lang so, dann entspannen Sie sich.

Ziehen Sie jetzt Ihre Knie bis zur Brust, und rollen Sie nach einer Seite, während Sie Ihren Oberkörper und Ihre Arme in die andere Richtung bewegen. Rollen Sie behutsam von einer Seite zur anderen, und halten Sie zehn bis zwanzig Sekunden inne, wenn Oberkörper- und Unterleib sich in der Gegenrichtung befinden. Wiederholen Sie dies zehnmal. Stehen Sie auf und schwingen Sie die Arme in großen Kreisen aus den Schultern nach vorn. Wiederholen Sie diese Übung zehnmal. Dann machen Sie das gleiche in der Gegenrichtung.

Atmen Sie anschließend tief ein, von unten nach oben. Wenn die Lungen gefüllt sind, halten Sie zehn Sekunden inne und atmen dann von oben nach unten aus. Wiederholen Sie dies fünfmal.

Nach dieser kurzen Übung sind Ihre Gehirnzellen und Ihr Blut mit Sauerstoff angereichert, und Sie sind ruhig und beherrscht und bereit für das Treffen.

Noch eine Möglichkeit, Ihre Stimme kräftiger klingen zu lassen: lächeln Sie! Versuchen Sie folgende Übung: Sagen Sie mit ausdrucksloser Miene: Ich möchte Sie wirklich sehr gern alle am Samstagabend sehen. Tatsächlich? Es klang nicht sehr überzeugend. Versuchen Sie es dieses Mal mit einem Lächeln zu sagen. Noch besser: Stehen Sie auf, lächeln Sie, und sprechen Sie dann! Jetzt glaube ich Ihnen.

Körpersprache

Wenn Sie glauben, eine kleine Box in Ihrer Kehle erledige das Reden, dann täuschen Sie sich gewaltig. Ihre Stimme ist ineffizient, wenn Sie nicht auf Ihre Haltung, Ihre Lungen, Ihre Kehle, Ihren Mund und Ihr Gesicht achten.

Haltung: Wie Sie sitzen oder stehen, beeinflußt Ihre Stimme. Wenn Sie wie ein Sack dastehen, verraten weder Ihre Haltung noch Ihre Stimme Begeisterung. Achten Sie auf Ihre Haltung, oder setzen Sie sich aufrecht hin, damit Ihre Stimme voll zur Geltung kommt.

Lungen: Sie brauchen Ihre volle Lungenkapazität, um Ihre Worte zu unterstützen. Nichts nervt mehr als eine kurzatmige Stimme oder jemand, dem die Puste ausgeht und der Luft holen muß, um weiterreden zu können. Mangelnde Fitneß beeinträchtigt Ihre Gesundheit, Ihr Aussehen und Ihre Stimme.

Eine dünne, schwache oder kurzatmige Stimme wird durch vermehrte Sauerstoffzufuhr und verbesserte Luftzufuhr der Lungen gestärkt. Um Ihrem Körper mehr Sauerstoff zuzuführen, müssen Sie Aerobic betreiben und das Rauchen einstellen oder zumindest erheblich einschränken.

Atmen Sie intensiv ein, damit Ihre Lungen so effizient wie möglich arbeiten. Wenn Sie nicht wissen, wie man richtig atmet, dann wenden Sie sich an einen Meditations- oder Yoga-Lehrer, der es Ihnen Schritt für Schritt beibringt. Intensives Atmen ist eine lebensverbessernde Erfahrung, die sehr wirkungsvoll ist. Damit stärken Sie Ihre Lungen, erhöhen Ihre Lebenserwartung und können sich entspannen und Streß abbauen.

Intensive Atmung ist ein erprobtes Mittel gegen Nervosität, deshalb sollte man vor dem Reden erst tief durchatmen. Üben Sie im Stehen oder Liegen. Entspannen Sie Ihre Gesichtsmuskeln. Atmen Sie langsam durch die Nase ein, zählen Sie bis zehn. Stellen Sie sich vor, wie Sie langsam Ihren Unterleib, Ihren Bauch und zuletzt Ihre Brust mit Luft füllen. Halten Sie für zehn Sekunden die Luft an, atmen Sie dann durch den Mund aus, stellen Sie sich vor, Sie lassen über Ihre Brust, durch Ihren Bauch und Ihren Unterleib Luft aus einem Ballon. Wiederholen Sie diese Übung drei- bis fünfmal, und Sie fühlen sich am Ende deutlich entspannt.

Ein neuer Partner:
Wie Sie den Mann Ihrer Träume anlocken

Oft liegt die Motivation für eine radikale Imageveränderung in einem unbefriedigenden Liebesleben. Wenn Sie zudem davon überzeugt sind, daß Sie, wenn Sie ein anderes Aussehen, eine andere Stimme und ein anderes Auftreten hätten, leichter Männer kennenlernen würden, dann ist es vielleicht wirklich an der Zeit, daß Sie sich überlegen, wie Sie sich für den Mann Ihrer Träume attraktiv machen können.

Den Traummann zu finden, ist vielleicht einfacher, als Sie denken. Nichts deprimiert mich mehr als eine Frau, die an Partnerschaft und Liebe verzweifelt und es aufgegeben hat, einen guten Mann zu finden. Nur im Film tauchen die Supermänner aus dem Nichts auf. Im wirklichen Leben müssen Sie selbst Ihrem Glück nachhelfen, oder Sie werden alt und grau, während Sie auf den Märchenprinzen warten.

Wenn Sie einen neuen Partner finden wollen, müssen Sie erst analysieren, wie er sein soll, und ihn dann suchen. Fragen Sie sich auch, ob Sie die Art von Frau sind, die ihn anlocken kann. Wenn nicht, dann müssen Sie überlegen, welche Möglichkeiten Sie haben, Ihre Persönlichkeit und Ihr Image zu verbessern, um ihn zu faszinieren.

Partnervermittlungen und Partneranzeigen sind die richtigen Adressen für einsame Herzen. Bereits viele Menschen haben hier ihren Partner gefunden, doch es gehört viel Mut, Elan und Ausdauer dazu, ganz zu schweigen vom Geld, um so lange zu sondieren, bis man den richtigen Partner gefunden hat. Wenn Sie die Grundvoraussetzung – unter 35 und ohne Kinder – nicht erfüllen, werden Sie kreativer, um einen Freund oder Liebhaber zu finden.

Der Traummann

Lassen Sie ihn Wirklichkeit werden. Schreiben Sie folgendes auf zwei Bögen Papier: Persönlichkeit, Beruf, Interessen, Leidenschaften und Aussehen. Ein Bogen ist für Sie, der andere für ihn.

Persönlichkeit

Wollen Sie einen extro- oder introvertierten Mann? Ist er ein aufgeschlossener Typ, der die Dinge bereden möchte und seine innersten Gedanken verrät oder eher ein verschlossener, der gedrängt werden muß, sich zu öffnen? Besitzt Ihr Idealpartner Schauspieltalent, oder schätzt er Ihre Neigung dazu? Schreiben Sie die verschiedenen Eigenschaften auf, die Sie suchen.

Prüfen Sie nun, inwieweit Ihre Persönlichkeit diese Eigenschaften mit einschließt. Überlegen Sie, wie Sie Ihre eigene Persönlichkeit anpassen müßten, um jemanden wie ihn anzuziehen. Wenn Sie einen Mann wollen, der diese Persönlichkeit besitzt, können Sie daran arbeiten, sich ihm anzugleichen oder ihn zu ergänzen.

Beruf

Vielleicht ist der Beruf Ihres Traummanns sehr wichtig für Sie. Hüten Sie sich vor Klischeevorstellungen. Also schreiben Sie nicht von vornherein einen Buchhalter ab, weil Sie ihn für langweilig halten. Ich kenne recht feurige Buchhalter!

Ärzte, Klempner und Künstler brauchen sich nicht zwangsläufig an bestimmten Plätzen zu treffen. Seien Sie erfinderisch, und suchen Sie einen Weg zu ihm. Denken Sie sich nichts dabei, wenn Sie einen ganz anderen Beruf ausüben oder Ihre berufliche Stellung seiner über- oder untergeordnet sein könnte. Wenn Sie mit ihm reden, zeigen Sie Interesse an seiner Arbeit, denn Männer definieren sich ja bekanntlich meist durch ihren Beruf.

Wenn Sie Ihren Traummann im Beruf kennenlernen wollen, müssen Sie Fantasie entwickeln. Sagen Sie zum Beispiel, Sie suchen einen Unternehmer. Studieren Sie die Geschäftsanzeigen in der Zeitung, um erfolgreich gestartete neue Unternehmen ausfindig zu machen und sich ein paar „Kandidaten“ zu kapern, um mit ihnen zu besprechen, was sie für eine lokale wohltätige Einrichtung spenden wollen, um ihr Image zu verbessern?

Bei solchen Treffen können Sie entscheiden, ob Sie den entsprechenden Mann wiedersehen wollen. Wenn ja, dann schlagen Sie ihm ein Treffen vor, um weitere Einzelheiten seines Vorhabens mit ihm zu diskutieren, was er bestimmt ganz normal finden wird. Dabei können Sie also Ihre ganz persönlichen Absichten mit einer guten Sache kombinieren.

Besuchen Sie lokale oder regionale Ausstellungen, die diese Art Mann vielleicht ebenfalls interessieren könnten. Computer- und Reise-Messen zum Beispiel locken viele unterschiedliche Männer an. Versuchen Sie, ihm kluge Fragen zu stellen. Achten Sie aber darauf, daß Sie wissen, worüber Sie reden.

Da sich alle Männer gern als Experten fühlen, bitten Sie ihn, dies und jenes zu erklären. Er wird sich bestimmt nach Kräften bemühen, Ihre Bitte zu erfüllen. Gern wende ich diesen Trick bei Gartenpartys an, einfach nur zum Spaß, und stelle fest, daß es nicht lange dauert, bis ich eine Einladung zum Kaffee bekomme.

Interessen

Sie sind leicht zu ermitteln und sollten möglichst auch die Ihren sein oder solche, die Sie gern entwickeln würden. Wenn Sie gern reisen würden, es bisher aber noch nicht getan haben, tun Sie's. Viele Urlaubsangebote sind mit Wandern, Golfen, Tennis oder Malen verbunden, auch für den Anfänger. Sie werden bestimmt mehrere Männer finden, die Ihre Interessen teilen.

Leidenschaften

Leidenschaft kann nicht erzwungen werden. Was läßt Sie vor Begeisterung erzittern (Jazz oder eine Oper, moderne Kunst, Antiquitäten, Gartenarbeit, Essen etc.) oder macht Sie so wütend, daß Sie schreien könnten (wie zum Beispiel soziale Ungerechtigkeit, bedrohte Tiere oder eine bestimmte Krankheit?). Tun Sie, was Ihnen Spaß macht, treten Sie in den entsprechenden Club ein, und Sie werden bestimmt Männer kennenlernen, die der gleichen Leidenschaft frönen. Wie könnte der Funke zwischen zwei Menschen besser überspringen?

Aussehen

Wenn wir ehrlich sind, ist auch dieser Punkt nicht ganz unwichtig. Wenn Ihr Traummann jugendlich und dynamisch ist, müssen Sie es ebenfalls sein, um attraktiv für ihn zu sein. Wenn nicht, überlegen Sie sich, wie Sie's werden können.

Ist er elegant und eher konservativ gekleidet, könnte ihn wohl Ihr Bohemien-Look abschrecken. Wenn er, wie viele Männer, modisch eher desinteressiert ist, wie können Sie ihn dann interessieren, ohne allzu extravagant zu erscheinen? Sie würden sich wundern, wie viele Männer sich scheuen, bei einer attraktiven Frau den ersten Schritt zu tun.

Wenn Sie Ihren Traummann nicht finden sollten, müssen Sie eben einen anderen finden, der Ihren Traummann sogar noch in den Schatten stellt. Stellen Sie sich vor, wieviel Spaß Sie bei der Suche haben werden! Fröhliche Jagd!

Verschönerung

mit Farben

Wenn Sie ganz anders aussehen möchten, versuchen Sie erst eine Farbanalyse. Wenn Sie die richtigen Farben tragen, verändert dies Ihr Aussehen dramatisch. Die anderen erkennen nicht, was anders an Ihnen ist, sondern stellen einfach fest, daß Sie umwerfend aussehen. Mit den richtigen Farben sehen Sie besser und gesünder aus.

1980 entfachte Color Me Beautiful eine Revolution, als es seine Farbtheorien auf der Welt verbreitete. Die Prämisse, die nach wie vor gültig ist, lautete: Wenn Sie Farben tragen, die als Ergänzung Ihres Teints, Ihrer Augen- und Haarfarbe dienen, sehen Sie natürlicher und gesünder aus. Seit damals haben wir weltweit für Millionen von Menschen Farbanalysen erstellt und im Laufe der Jahre diese verbessert und nuanciert.

Die Farbanalyse eröffnet einer Frau die Möglichkeit, besser auszusehen. Wenn wir jung sind, entwickeln wir Farbvorurteile, die durch den Geschmack unserer Mutter oder unserer Freunde oder durch die Mode verstärkt werden. Das führt zu einer Garderobe aus wenigen erprobten Teilen, die uns stehen, und einer Menge von Kleidungsstücken, die uns nicht stehen. Die Farbanalyse erleichtert die Auswahl, da Ihnen die richtigen Farben empfohlen werden. Manche Frauen übertreiben aber und betrachten ihre Skala von Stoffmustern bei ihrem nächsten Einkaufsbummel als Religion. Obwohl wir den Frauen raten, sich nicht sklavisch an ihre spezielle Farbskala zu halten, kaufen sie oft nichts, was nicht genau dieser entspricht. Dabei wollen wir Ihnen das Einkaufen erleichtern, nicht erschweren.

Heute sehen wir die Farbanalyse anders als noch vor ein paar Jahren. Auch wenn eine bestimmte Farbpalette für eine Frau „technisch" die richtige ist, müssen diese Farben nicht unbedingt sie selbst sein. Wir müssen gemeinsam darüber entscheiden, welches ihre Farben sind. Eine Farbanalyse, die diktiert ohne Diskussion ist falsch.

Zum Beispiel sehen viele Blondinen mit blauen Augen und hellem Teint ganz toll aus, wenn sie sich an unsere hellen Farben halten, doch manchmal haben sie auch den Wunsch, etwas Dunkleres zu tragen, Schwarz oder Marineblau. Wir müssen ihnen dann zeigen, wie sie dies am effektvollsten tun können.

Wir wissen auch, daß Frauen modisch aussehen möchten. Jede Modesaison begeistert und ärgert uns gleichermaßen, da so viele Farben angeboten werden. Die farbbewußte Käuferin versteht es jedoch, die Modefarben mit ihren speziellen Farben zu kombinieren, wenn der Kleiderstil ganz ihrem Geschmack entspricht.

Wenn Sie „farbenblind" sind, weil Sie sich zu streng an Ihre spezielle Farbpalette halten oder noch nicht alle Ihnen zur Verfügung stehenden Möglichkeiten entdeckt haben, wird es Zeit, dies jetzt zu ändern.

„Wie die Mutter, so die Tochter"

Oft wird die Farbvorstellung einer Frau durch ihre Mutter geprägt. „Ich kann diese Farbe nicht tragen. Meine Mutter meint, ich sehe gräßlich darin aus." Oder wenn Ihre Mutter Ihnen als Kind eingeschärft hat, daß Ihnen eine bestimmte Farbe überhaupt nicht steht, haben Sie nun eine komplette Garderobe in dieser Farbe. Einfach aus Trotz.

Wir alle haben Farbvorurteile und übersehen oft, wie anders oder vorteilhaft gewis-

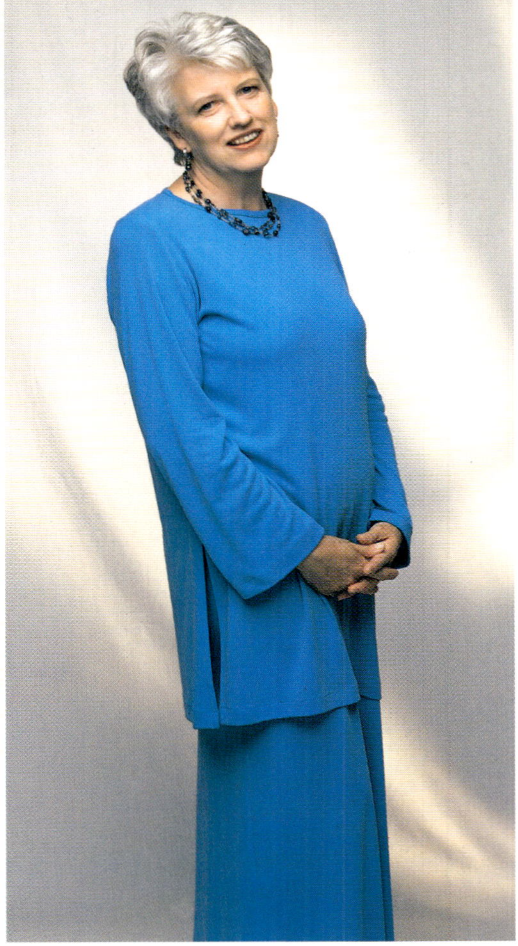

se Farben an anderen aussehen können. Wenn Sie etwa mit Ihrer Schwester oder Freundin einkaufen gehen, kann es vorkommen, daß Sie sich beide für eine bestimmte Farbe begeistern, die Ihrer Begleiterin steht, Ihnen dagegen aber überhaupt nicht.

Kate und Julie, Mutter und Tochter, haben ungefähr die gleiche Figur, auch wenn Kate ein bis zwei Nummern größer trägt. Beide können den gleichen Kleiderstil tragen, aber nicht die gleiche Farbe. Julie hat das wärmere Colorit ihres Vaters geerbt, während Kate in kühleren Tönen gut aussieht.

Stimmen Sie Ihre Farben gut ab

Viele Frauen finden, daß es befreit, aber auch einschränkt, wenn man weiß, welche Farben zu einem passen. Sie unterliegen nicht dem Modedruck, sich in den „neuesten Farben“ zu kleiden, wählen nur das, was ihnen steht, doch manchmal halten sie sich zu starr an ihre persönliche Farbpalette und versäumen es, modischer auszusehen.

SARAH Sarah liebte ihre herrlich satten Farben des dunklen Herbstes, fand sie nie langweilig. Doch ihre grauen Haare bringen sie aus dem Konzept. Anfang Zwanzig zeigten sich die ersten Silbersträhnen, heute mit 33 sind sie bereits so intensiv, daß sie sie mit einer Tönung überdecken muß.

„Meine Image-Beraterin riet mir, ich solle jetzt, da meine Haare grau werden, mildere Farben tragen, da diese mehr

schmeicheln", erklärte sie. Auch wenn man früh grau wird, bedeutet dies nicht, daß man insgesamt älter aussieht. Beige und Rot stehen Sarah fabelhaft, aber kräftige Farben stehen ihr noch besser: Schwarz, Rot, Olivgrün oder Marineblau.

Ich glaube, Frauen wie Sarah sollten ihre grauen Haare so lange wie möglich tönen. Wenn dies nicht mehr möglich ist, wäre ein Salz-und-Pfeffer-Look auch nicht schlecht. Wir ließen uns vom Farbspezialisten Wella beraten. Sarah wurde geraten, das ergraute Haar zu färben und das übrige Haar mit einer auswaschbaren Tönung zu behandeln, die nach einem Monat erneuert werden muß (ergrautes Haar muß nach zwei Monaten nachgefärbt werden). Durch die Tönung erhalten die grauen Haare wieder eine satte Farbe.

EMILY „Die Farbberatung vor ein paar Jahren", sagte Emily, Mutter und Ehefrau von Anfang Vierzig, „änderte mein Leben." Sie trug Farben wie Camel, Braun mit Pink und Marine. Die Farbzusammenstellung war ein großes Problem für sie. „Ich wußte ja nicht, wie einfach es ist, einen Plan zu machen, um toll auszusehen und alles gut aufeinander abzustimmen." Emilys Farbberatung ergab, daß „kühlere" Farben zu ihr

paßten und sie ihre Farbpalette darauf ausrichten mußte. Verbannt wurden alle Brauntöne, Moosgrün und Beigenuancen.

Emily bat uns auch um Tips für ihr Abend-Outfit, wenn sie mit Freunden zum Essen verabredet war und weiblich aussehen wollte. „Ich mag es eher klassischer, mag keine fetzigen Kleider", erklärte sie uns.

Kombinierbare Strickensembles sind eine ideale Lösung, um sportlich-elegant auszusehen. Emily war so begeistert, daß sie sich gleich alle Teile kaufte, die wir ihr empfohlen hatten. Für Emilys abfallende Schultern bieten Schulterpolster einen guten Ausgleich.

Als letztes mußte ihr Make-up aktualisiert werden. Wir empfahlen Emily, ihren pinkfarbenen Lippenstift gegen eine weichere Himbeerschattierung einzutauschen, die modischer aussieht. Marineblau ist Emilys vielseitigste neutrale Farbe. Kaufen Sie sich gute Neutralfarben.

Grundfarben

Sicherlich besitzen Sie einige Kleider in Grundfarben: Schwarz, Anthrazit, Marineblau, Braun, Steingrau, warmes Grau, Camel und Beige. Doch einige davon können in Gesichtsnähe sehr unvorteilhaft sein, wenn sie von einer Frau getragen werden, zu der sie nicht passen.

Schwarz: Steht nur den attraktivsten und gepflegtesten Frauen.

Beige: Wenn es nicht mit anderen Farben kombiniert wird, sehen viele Frauen damit aus, als ob sie dringend eine Bluttransfusion benötigten.

Camel: Steht einer Frau mit warmen Teint- und Haartönung, wirkt aber unvorteilhaft an einer Frau mit kühlem, rosigen Teint.

Braun: Gibt es in verschiedenen Schattierungen, von Schwarzbraun bis zu Terracotta, Zimt, Kaffee und Kakao. Die clevere Frau weiß, daß ihr nur ein bis zwei Braunschattierungen stehen, und kauft deshalb keine Mixturen.

Weiß: Eine wichtige Grundfarbe ist Weiß. Sie sollten wissen, welche Weißschattierung Ihnen am besten steht. Reines Weiß paßt am besten zu dunkler Haut, Schneeweiß steht Frauen mit Alabasterhaut und dunklem Haar. Andere Frauen sehen in weichem Weiß, Elfenbein oder Eierschale besser aus. Auch das Material spielt dabei eine Rolle. Leinen, Strick und Jersey und matte Stoffe machen ein weicheres Gesicht als glänzende Seide, Satin oder Polyester.

Auf den folgenden Seiten geben wir Garderobetips für die verschiedenen Farbtypen. Je nach Haarfarbe oder Persönlichkeit können diese nuanciert werden – kühler oder wärmer, klarer oder gedeckter, heller oder dunkler. Wenn Ihnen eine auf Sie abgestimmte Farbskala zu unausgewogen erscheint, überlegen Sie, wie Sie sie etwas aufpeppen können, ohne allzu kühn zu sein. Wenn man mit einer Palette arbeitet, entdeckt man, daß die Farben wunderbar koordinieren, wodurch Ihre Kleidereinkäufe einen größeren Wert bekommen und zu einem größeren Erfolg werden.

Die richtige Wahl

JANICE Frauen, die eine intensive dunkle Hautfarbe besitzen, müssen bei ihrer Farbwahl besonders sorgfältig sein. Dunkle Haut „absorbiert" Make-up, das für Weiße bestimmt ist. Die Frauen sollten daher speziell für sie entwickelte Make-up-Linien verwenden. Sie müssen zudem die Garantie haben, daß ihre Kleiderfarben für sie vorteilhaft sind.

Janice ist so hübsch, daß ihr viele Farben gut stehen. Aber warum soll sie nur gut aussehen, wenn sie sogar umwerfend aussehen kann? Dieses rauchfarbene Oberteil ist zu matt; sie benötigt ein kräftiges Blau, das ihren Typ unterstreicht.

Heller Frauentyp

Erfolgreich
In zarten Pastelltönen sehen Sie frisch aus. Doch passen Sie auf, daß helle glänzende Stoffe keinen zu starken Kontrast zu Ihrem Teint bilden.

Weniger erfolgreich
Ihr blondes Haar bildet vielleicht einen reizvollen Kontrast zu dunklen Farben wie zum Beispiel Marineblau, doch der Gesamteindruck ist nicht vorteilhaft. In Schwarz oder Blau können Sie sehr müde, ja unpäßlich aussehen.

Gesamteindruck des Colorits
hell/blaß

Color Me Beautiful-Jahreszeiten-Typ
Heller Frühling oder Heller Sommer

Berühmte Beispiele
Zoë Ball, Goldie Hawn, Claudia Schiffer

Ziele
Überladen Sie Ihre persönlichen Farben nicht mit starken, dunklen Farben, vermeiden Sie zu starke Kontraste. Tragen Sie Schwarz, dann lassen Sie den Hals frei, oder mildern Sie es mit einer anderen Farbe

Tips
Wenn Sie in einer Farbe blaß aussehen, dann ist sie wohl zu dunkel oder zu hell für Sie

Make-up

Augen
Marineblau, Petrol, Grau- oder Taupe-Nuancen, Highlighter in Apricot, weichem Pink oder Melone

Augenbrauen
Kakaobraun oder Taupe

Kajalstift
Marineblau, Grau, Petrol, abgeschwächt mit Taupe oder Kakaobraun

Mascara
Braun oder Marineblau

Rouge
Blaßrosa, Pfirsich oder Lachstöne

Lippenstift
Die meisten blaßrosa Töne (warm oder kühl), helles Rot

Ihre Kleiderfarben

Hier ist eine Palette Ihrer Kleiderfarben. Die Grundfarben sind: weiches Weiß, hellblaue oder mittelblaue Nuancen, Aquamarin- und Petroltöne, Pink, Violett-Töne, Perlgrau und frisches Rot. Dieses Marineblau ist eine hellere Version und läßt sich eher mit einer Pastellfarbe oder Rot als mit Weiß kombinieren.

Ergänzen Sie diese Farben mit wärmeren Schattierungen, wenn Ihnen diese gut stehen, wie zum Beispiel Camel, Pfirsich- und warme Pinktönen und weichem Moosgrün. Auch Crème, Elfenbein und helle Gelbtöne eignen sich gut.

Wenn Sie wissen, daß Ihnen Farbtöne, die auf Blau basieren, besser stehen, fügen Sie Zinngrau, Rosabraun, Mint und pastellene Blaugrüntöne sowie Lila und Burgunder hinzu.

Dunkler Frauentyp

Erfolgreich

Schneeweiß ist Ihre erste Wahl. Satte Farben wie Schwarz, Marineblau oder Schokoladebraun sind Ihre Renner. Wählen Sie immer die dunkelste Nuance, um optimal auszusehen.

Weniger erfolgreich

Weiche Pastelltöne stehen Ihnen nicht schlecht, sind aber nicht umwerfend. Sollten Sie Garderobe in diesen Farben besitzen, dann kombinieren Sie sie mit auffallenden Jacken oder Schals oder wählen Sie einfach andere Farben.

Gesamteindruck des Colorits
Intensiv und satt

Color Me Beautiful-Jahreszeitentyp
Dunkler Herbst oder Dunkler Winter

Berühmte Beispiele
Paloma Picasso, Naomi Campbell, Teri Hatcher

Ziele
Unterstreichen Sie Ihre kräftigen Farben durch leuchtende Schattierungen, kühne Kontraste oder faszinierende satte Farben

Tips
Intensivieren Sie neutrale Farbtöne durch kontrastreiche Farben (Schwarz, Dunkelbraun, Marineblau)

Make-up

Augen
Marineblau, Tannengrün, Pflaume, Anthrazit, als Highlighter wählen Sie Elfenbein, Apricot oder Perlrosa

Augenbrauen
Grau/Braun in Verbindung mit Ihrer Naturfarbe

Kajalstift
Schwarz, Marineblau, Pinie, Pflaume. Intensivieren Sie die Farbe durch einen gleichfarbigen oder dunklen Lidschatten

Mascara
Schwarz, Pflaume, Marineblau

Rouge
Terracotta oder Lachs, um das Aussehen zu beleben; bei kühlen pinkfarbenen Lippenstiften verwenden Sie Pflaume, bei roten Lippenstiften ein weiches „roteres" Rouge

Lippenstift
Mahagoni und Terracotta verleihen einen warmen Look, Pflaume, Weinrot, kräftiges Rosa einen kühleren.True Red ist grandios.

Ihre Kleiderfarben

Ist Ihr eigenes Colorit schon kräftig, benötigen Sie auch intensivere Farben. Ihre Garderobe sollte Teile in strahlendem Weiß und in Primärfarben wie Rot, Blau, Grün und Gelb aufweisen, ferner Mahagoni, Tannengrün, warmes Pink, Petrol, Türkis und Violett.

In Schwarz und Tintenblau, Anthrazit, Dunkelbraun und Zinngrau sehen Sie umwerfend aus. Sie können Ihre Farbpalette noch durch Terracotta, Rostbraun, Olivgrün, Bronze und andere Goldtöne wärmer wirken lassen, wenn Sie wissen, daß sie Ihnen stehen.

Ihr Gesamtlook wirkt kühler mit blauen Rottönen, kräftigem Rosa und Pastelltönen. Weiß kombinieren Sie mit etwas Farbe.

Kühler Frauentyp

Erfolgreich
Sie brauchen kein Vermögen auszugeben, um jünger und super auszusehen. Sie brauchen nur die richtigen Farben zu wählen. Wenn Ihr Colorit kühl ist, sollten Sie Pink oder Pflaume wählen, Farben, die auf Blau basieren.

Weniger erfolgreich
Vorsicht mit warmgrundigen Farben! Auch wenn diese zu den Modefarben gehören, sehen Sie wegen Ihres kühlen Colorits darin stets müde und älter aus.

Gesamteindruck des Colorits
Rosig/grau

Color Me Beautiful-Jahreszeitentyp
Kühler Sommer und Kühler Winter

Berühmte Beispiele
Betty Boothroyd, Joan Baez, Königin Elisabeth II.

Ziele
Unterstreichung Ihres rosigen weichen Teints und Ihrer silbergrauen Haare

Tips
Vermeiden Sie gelbe, grüne und braune Untertöne. Lediglich rosafarbene Braunschattierungen wie Kakao eignen sich für Sie, aber nicht Beige, Khaki oder Goldbraun.

Make-up

Augen
Weiches Marineblau, Rauchgrau, Pflaume, Tannengrün; Highlighter in Hellrosa oder Elfenbein

Augenbrauen
Kakao oder Taupe

Kajalstift
Marineblau, Pinie, Pflaume, abgeschwächt durch einen Hauch Grau oder Taupe-Lidschatten

Mascara
Marineblau oder Schwarz

Rouge
Rosenfarbig, Pflaume, weiches Burgunderrot

Lippenstift
Himbeer, mattes Pink, kräftiges Rosa, weiches Fuchsiarot

Ihre Kleiderfarben

Es bieten sich Ihnen viele Möglichkeiten, toll auszusehen. Doch nehmen Sie keine Brauntöne, außer Kakao oder Rosabraun.

Die meisten Blauschattierungen stehen Ihnen, doch nehmen Sie nicht zuviel Königsblau, das wäre zu streng. Alle Grautöne bilden eine gute Grundlage und sind um Längen besser als warmes Camel. Auch ein zartes Lila oder Flieder zusammen mit Marineblau, Anthrazit oder zartem Weiß ist eine gute Wahl.

Blaurote Töne oder klares Rot stehen Ihnen immer gut. Tragen Sie auch abends ruhig mal Rot statt immer nur Schwarz.

Warmer Frauentyp

Erfolgreich

Bei einem solch auffallend warmem Colorit müssen Sie besonders auf eine farblich abgestimmte Garderobe achten. Wählen Sie Lachs, Koralle, Pfirsich oder Mango.

Weniger erfolgreich

In Modezeitschriften sind Rothaarige in kühlen Farben abgebildet, doch in Wirklichkeit sehen sie, auch wenn sie jung und schön sind, im kühlen Farben künstlich und streng aus.

Gesamteindruck des Colorits

Golden (ausdrucksstark oder blond)

Color Me Beautiful-Jahreszeitentyp

Warmer Frühling oder Warmer Herbst

Berühmte Beispiele

Sarah, Herzogin von York, Nicole Kidman, Lulu

Ziele

Unterstreichen Sie den Goldton Ihres Teints und Ihres Haares mit satten, warmen Farbtönen

Tips

Wählen Sie lieber Elfenbein statt Weiß. Mildern Sie ein schwarzes oder marineblaues Outfit mit Terracotta, Goldgelb oder Lachs

Make-up

Augen

Braun, Oliv, Moosgrün oder Petrol; als Highlighter nehmen Sie Melone oder Apricot

Augenbrauen

Ein warmes Braun, das zu Ihrer Naturfarbe paßt

Kajalstift

Petrol, Olive, Violett. Nehmen Sie einen braunen Lidschatten, um einen milderen Ton zu erhalten

Mascara

Braun

Rouge

Apricot, Lachs oder Terracotta

Lippenstift

Orangerot, warme Rosatöne, Terracotta

Ihre Kleiderfarben

Frauen Ihres Typs sollten nicht nur Braun- und Beigetöne in ihrer Garderobe haben. Nehmen Sie Elfenbein- oder Cremefarben, Schneeweiß wäre ein absoluter Fehlgriff. Wählen Sie Moosgrün, Bronze und Oliv.

Wenn Sie keine blauen Augen haben, sieht Blau an Ihnen eher billig aus. Nehmen Sie lieber Aquatöne, Türkis und Petrolblau. Kombinieren Sie Ihre cremefarbenen oder goldenen Gelbtöne zu Schwarz oder Marineblau, um diese Farben abzumildern. Statt Grau nehmen Sie lieber Camel, Goldbraun und Rost. Auch wenn Sie rote Haare haben, Tomatenrot ist großartig.

Gedeckter Frauentyp

Erfolgreich
Gedämpfte Farben wirken an Frauen mit dem Gedeckten Colorit keineswegs stumpf. Ob es helle oder dunkle Farben sind, wichtig ist vor allem, daß sie abgemildert wirken.

Weniger erfolgreich
Sie mögen zwar die Farbe, wissen aber nicht, ob sie Sie mag. Hier ist ein Beispiel, wie die Farbe Sie trägt – und nicht umgekehrt.

Gesamteindruck des Colorits
Gedämpft/mausfarben

Color Me Beautiful-Jahreszeitentyp
Gedeckter Sommer oder Gedeckter Herbst

Berühmte Beispiele
Jennifer Aniston, Cindy Crawford, Hillary Clinton

Ziele
Keine zu leuchtenden Farben oder starken Kontraste

Tips
Mit harmonisch aufeinander abgestimmten Farben, monochromen Farbtönen und matten Stoffen sind Sie immer auf dem richtigen Weg.

Make-up

Augen
Anthrazit, Dunkelbraun, weiches Pflaumenblau, Tannengrün; als Highlighter wählen Sie Melone oder Apricot

Augenbrauen
Taupe harmoniert mit Ihrer natürlichen Farbe

Kajalstift
Anthrazit, Pinie, Pflaume; mildern Sie die Wirkung durch einen taupefarbenen Lidschatten

Mascara
Braun, Schwarz oder Tannengrün

Rouge
Lachs- oder bronzefarbener Puder statt Rouge

Lippenstift
Terracotta, Mahagoni oder Tomatenrot, um Ihren Look wärmer zu gestalten; weiches Pflaumenblau oder Bordeauxrot für einen kühlen Look

Ihre Kleiderfarben

Dieser Frauentyp hat eine große Farbauswahl: Wollweiß und Elfenbein, Anthrazit, Taupe oder weiches Marineblau statt Schwarz.

Sie sollten keine grellen Farben tragen, sondern gedeckte. Weiches Rosa oder Lachsfarben oder weiche Rottöne wirken für sich allein oder können mit neutralen Farben kombiniert werden. Sattes Tannengrün, Flaschen- oder Jadegrün sind ein Muß für Ihre Garderobe, ebenfalls gedämpfte Töne wie Petrol oder Lila. Violett, Purpur und Aubergine lassen sich gut mit Marineblau und Schokobraun kombinieren.

Klarer Frauentyp

Erfolgreich

Edelsteinfarben eignen sich gut für Job und Freizeit. Ihre Farben sollten auffallend und lebhaft sein.

Weniger Erfolgreich

Genügt es Ihnen, einfach nur gut auszusehen, obwohl Sie umwerfend aussehen könnten?

Gesamteindruck des Colorits

Auffallend und kontrastreich

Color Me Beautiful- Jahreszeitentyp

Klarer Frühling oder Klarer Winter

Berühmte Beispiele

Courtney Cox, Prinzessin Caroline von Monaco, Oprah Winfrey

Ziele

Wählen Sie klare, lebhafte Farben

Tips

Vermeiden Sie gedämpfte Töne. Kombinieren Sie helle Farben mit dunklen, und wählen Sie klare, leuchtende Farben, um neutrale Töne aufzufrischen.

Make-up

Augen

Marineblau, Grau, Pflaume, Tannengrün;
als Highlighter verwenden Sie Elfenbein, Apricot oder weiches Rosa

Augenbrauen

Kakao oder Taupe ergänzen Ihre eigene Farbigkeit

Kajalstift

Schwarz, Marineblau, Grau, Pflaume, Pinie

Mascara

Schwarz, Marineblau oder Tannengrün

Rouge

Kräftiges Pink oder klares Lachsrot; weiches Rot, wenn Sie roten Lippenstift tragen

Lippenstift

Kräftiges Pink für einen kühlen Look, Korallenrot für einen warmen Look und auch kräftiges Rot

Ihre Kleiderfarben

Schöpfen Sie aus dem Fundus all Ihrer Farben, oder tragen Sie sie einfarbig. Diese Farben können Kleidungsstücke retten, die farblich sonst nichts hergeben.

Reine oder weiche Weißtöne sind für Sie besser geeignet als cremige Farbnuancen. Ihre neutralen Kleidungsstücke sind tintenfarben, von Schwarz und Marineblau bis zu Anthrazit und Schwarzbraun. Kräftiges Pink ist großartig, doch wenn Sie wärmere Farbtöne wünschen, wählen Sie warmes Pink, Korallenrot und helle Lachstöne.

Ihr idealer Rotton ist Scharlachrot. Außerdem passen zu Ihnen: Saphirblau, Smaragd und Topasgelb.

Verändern Sie Ihre

Haarfarbe

Eine einschneidende Veränderung Ihrer natürlichen Haarfarbe kann gleichzeitig zu einer Persönlichkeitsveränderung führen. Ich habe Brünette erlebt, die als Blondinen „wiedergeboren“ wurden und dadurch eine völlig andere Persönlichkeit und andere Verhaltensweisen entwickelten.

„Als Brünette fühlte ich mich nie sexy", gestand eine frisch gebleichte Blondine, die ein hübsches Gesicht und eine tolle Figur hatte. „Als Blondine kann ich mich ganz anders bewegen und ungeniert flirten, wie ich es mir immer gewünscht habe, mich aber als Brünette nicht traute."

Es muß nicht unbedingt der Wahrheit entsprechen, daß Männer Blondinen bevorzugen. Vielleicht hatten die Blondinen vor fast 40 Jahren, als die Marilyn-Monroe-Manie ihren Höhepunkt erreicht hatte, mehr Spaß. Aber Frauen aller Haarfarben sollten sich attraktiv fühlen, und es auch sein. Winona Ryder, eine Blondine, färbt ihr Haar dunkel, da „sie sich wie eine Brünette fühlt". Blonde, Brünette, Rothaarige oder Weißhaarige können gleichermaßen den Wunsch nach einer anderen Haarfarbe verspüren.

Wenn Ihre Haarfarbe etwas mit Ihrem Befinden zu tun hat und Sie eine Veränderung wünschen, dann nichts wie los! In diesem Kapitel geben wir Ihnen Tips, wie Sie Ihre Haarfarbe entsprechend Ihrem Teint, Ihrem Alter und Ihrer Aufwandbereitschaft für den neuen Look verändern können.

Sollten Sie Zweifel haben, suchen Sie einen guten Haar-Coloristen auf, der Sie gerne berät. Zeigen Sie ihm Bilder, damit er sieht, wie Sie sich Ihre Farbe vorstellen, er wird dann die richtige Mischung zusammenstellen. Wenn Sie die Konsequenzen für Ihre Garderobe und Ihr Make-up vor oder nach der farblichen Veränderung diskutieren wollen, nehmen Sie Kontakt mit uns auf (s. S. 191).

Die sichere Wahl: Bleiben Sie bei der Natur

Hier ist ein Beispiel dafür, was passieren kann, wenn man Mutter Natur herausfordert. Die bezaubernde, auf Blond gefärbte Schauspielerin Louise Lombard wurde vor kurzem gedrängt, sich von Kopf bis Fuß zu verändern. Da gerade ein Superstar auf Publicity angewiesen ist, verändert er sich deshalb von Zeit zu Zeit, was aber nicht immer die Schönheit besser zur Geltung bringt. Louise Lombard ist von Haus aus ein Schneewittchentyp: pechschwarz, hat strahlend blaue Augen und eine Porzellanhaut. Die Blondierung verändert sie radikal. Trotz ihrer Jugend und eines Top-Coloristen und Make-up-Künstlers verliert sie ihre Faszination, weil sie eine Typveränderung versucht, die in krassem Gegensatz zu ihrer natürlichen Ausstrahlung und Persönlichkeit steht.

Alle Frauen haben vielfältige Möglichkeiten, ihr Aussehen zu unterstreichen oder zu verändern. Eine neue Haarfarbe kann Ihr Image beleben. Doch die falsche Haarfarbe macht Sie älter und kränklich. Sie gehen kein Risiko ein, wenn Sie sich an die Naturfarbe halten, diese verstärken oder ein paar Glanzlichter in Ihr Haar zaubern.

Im folgenden Abschnitt geben wir Ihnen Tips, wie Sie Ihre Haarfarbe dramatischer, wärmer, jünger oder weicher aussehen lassen können und dabei Ihren Teint und Ihre Augenfarbe berücksichtigen.

Die Wahl der Farbe

Pflanzenfarben: Die natürlichen Pflanzenfarben verblassen nach sechs bis acht Haarwäschen. Eine Ausnahme bildet Henna, das das Haar dauerhaft färbt. Dunklem Haar verleiht Henna einen warmen rotbraunen Effekt, helles Haar wird erdbeerblond oder noch schlimmer – orangefarben. Henna muß mindestens zwei Stunden einwirken.

Spülung: Eignet sich hervorragend zum Auffrischen der Naturfarbe oder um messingfarbene Strähnen in weißem oder blondem Haar zu überdecken.

Diese Farbbehandlung ist erhältlich als Shampoo, Schaum oder Tönungsfestiger und muß ein paar Minuten einwirken. Die Farbe haftet an der Haaroberfläche und wäscht sich allmählich aus.

Tönung: Hier ist etwas mehr Aufwand erforderlich, da diese Flüssigkeiten, Cremes und Schaumtönungen ungefähr eine halbe Stunde einwirken müssen.

Die Haare können dunkler, aber nicht heller werden. Die Farbe ist intensiver, hält sechs bis acht Haarwäschen durch und verblaßt dann allmählich. Diese Tönungen können auch leicht ergrautes Haar mit der Naturfarbe abdecken. Intensivtönungen mit Wasserstoffsuperoxid bewirken, daß die Farbe tiefer in die Haarfollikel dringt. Sie können bis zu zwölf Haarwäschen halten.

Coloration bzw. Färbung: Sie benötigt 45 Minuten zum Auftragen und Einwirken. Die Farbe verblaßt nicht, sondern wächst sich heraus. Man kann damit Haare aufhellen, dunkler färben oder die Naturfarbe intensivieren.

Pflege von gefärbtem Haar

- Drei Tage nach der Behandlung sollte das Haar weder der Sonne noch Chlorwasser ausgesetzt werden.
- Benutzen Sie ein Shampoo und einen Festiger speziell für gefärbtes Haar. Dadurch wird die Farbe in die Haarfollikel eingeschlossen und hält länger. Zudem wird die Haarstruktur gekräftigt.
- Lassen Sie so oft wie möglich das Haar an der Luft trocknen, oder stellen Sie den Fön auf eine niedrige Stufe ein.
- Wenn Ihr Haar der Sonne ausgesetzt ist, benutzen Sie ein Spezialshampoo, Gel und Öl mit Sunblocker (UVB-Filter).

Der richtige Farbwechsel

JANE Wie zahlreiche Rothaarige haßt Jane ihre Haarfarbe. Sie war schon blond und brünett und vermeidet Farben wie Erdbeere, Kupfer oder Rotbraun.

Da ihre Haare jetzt einen Grauanteil von 25 % haben, war ihr geraten worden, Aschblond zu wählen, um die grauen Haare zu überdecken. Sicher, das Haar war hübsch, doch als Kontrast zu ihrem warmen Teint mit den Sommersprossen sah sie damit sehr unvorteilhaft aus. Sie muß unbedingt einen Goldton wählen.

auf Ihren Teint und Ihr Make-up hat. Wenn Sie unsicher sind, machen Sie es wie Jane, und lassen Sie sich ein paar Strähnen einfärben. Vielleicht gehen Sie das nächste Mal noch einen Schritt weiter!

Jane trug trotz ihres Warmen Colorits und ihrer blauen Augen entweder pinkfarbenes Make-up oder neutrale Brauntöne, was ihr überhaupt nicht steht. Pinktöne sind zu kühl und die neutralen Brauntöne zu gedeckt.

Da Jane zögerte, sich auf der Farbskala an Kupferrot zu orientieren, ließ sie sich zwischen die blonden Strähnen ein paar kupferfarbene einfärben, um die Haarfarbe aufzufrischen. Jane wollte damit eine neue Farbe testen und folgte unseren Tips, ein wärmeres Make-up und entsprechende Farben für ihre Garderobe zu wählen.

Wenn Sie sich für einen Blondton entscheiden, überlegen Sie, welche Wirkung er

Dunkles Colorit

HIGHLIGHTS

Silbergrau

Mittelblond

Hellbraun

ROTBRAUNE SPÜLUNG/WARME REFLEXE

Mahagoni

Granatrot

Mahagoni-Kupfer

VIOLETT-TÖNE

Beaujolais

Zyklamen

Blauschwarz

Dunkle Augen, dunkles Haar

Frauen mit brünettem, kastanienbraunem, rotbraunem oder schwarzem Haar, die nie blond waren, sollten blond vermeiden oder erst in späteren Jahren blonde Highlights wagen, denn die Wirkung ist sehr künstlich, als ob sich eine Japanerin die Haare blond färben würde. Ich finde, bei einer Frau über 35, die ganz offensichtlich dunkel ist, wirken blonde Haare sehr ungünstig. Bis zur Menopause haben solche Frauen ein kontrastreiches Colorit und eine kräftige Augen- und Brauenfarbe. Wenn sie ihre Haare blond färben, sehen sie aus, als ob sie eine Perücke trügen.

Highlights

Bei zunehmendem Alter wird die Haut- und Augenfarbe von Frauen mit Dunklem Colorit weicher, und in grauem oder kastanienbraunem Haar können hellere Highlights entstehen. Schönes mit grauen Strähnen durchzogenes Haar kann mit einer Spülung behandelt werden, die stumpfes Haar glänzender macht.

Make-up-Tips: Wenn Sie allmählich heller werden, stimmen Sie Ihre Make-up-Farben darauf ab. Wählen Sie weichere Farben, und verzichten Sie auf dunkles Weinrot, Brombeerrot oder Pflaume. Wenn Sie gerne Rot tragen, tragen Sie unter dem Lippenstift einen neutralen Konturenten auf. Benutzen Sie auch ein neutrales warmes Rouge. Zu intensive oder dunkle Töne wirken jetzt zu hart. Grau- und Brauntöne sind bei Lidschatten schwarzen und marineblauen vorzuziehen. Verwenden Sie Highlighter in Pfirsichfarben.

Garderoben-Tips: Schwarz, Dunkelbraun oder Marineblau sind Farben, die in Gesichtsnähe zu hart wirken. Studieren Sie die Garderobe des Gedeckten Colorits auf den Seiten 98–99. Vermeiden Sie zu heftige Kontraste, und wählen Sie harmonische monochrome Effekte.

Rotbraune Spülung, warme Reflexe

Manche Frauen mit dem Dunklen Colorit sehen großartig aus, wenn sie wärmere Nuancen wählen. Versuchen Sie eine Behandlung mit Henna oder eine leichte rotbraune, bronzene oder kupferfarbene Tönung. Wer es ganz dramatisch liebt, kann sich für eine flammende Kupferfarbe entscheiden. Die Reflexe geben besonders braunem Haar warme Glanzlichter.

Make-up-Tips: Wenn Sie in die warme Richtung gehen, sollten auch Lippenstiftfarben wärmer werden, also keine Pinktöne, fuchsia- oder weinrote Schattierungen. Rot ist ideal, besonders Terracotta, Mahagoni, Lachs und Pfirsich. Benutzen Sie braunen, olivgrünen und auberginenfarbenen Lidschatten mit Highlighter in Apricot oder Melone. Verzichten Sie auf grauen oder blauen Lidschatten.

Garderobe-Tips: Vermeiden Sie Pinktöne außer Lachs und Koralle; weichere Farben sind besser als kräftige. Alle Grünnuancen sind empfehlenswert. Experimentieren Sie mit Farbkombinationen: Rost und Aubergine oder Senf mit Tomatenrot.

Violett-Töne

Colorationen mit pflaumen- oder burgunderroten Tönen unterstreichen Ihre kühle Tendenz. Versuchen Sie auch Zyklamen oder Violett.

Make-up-Tips: Brombeere, Pflaume, Rot und kräftiges Pink sind Ihre Lippenstiftfarben. Vermeiden Sie gelbbraune oder braune Lippenstifte, die zu fade aussehen. Graue, marineblaue und pflaumenfarbene Lidschatten stehen Ihnen hervorragend; als Highlighter eignen sich Pink oder Champagner. Rosa oder pinkfarbenes Rouge runden die Wirkung ab.

Garderobe-Tips: Studieren Sie die Farben des Dunklen (S. 92–93) und des Kühlen Colorits (S. 94–95). Blau-, Pink, Grau- und Violett-Töne stehen Ihnen gut. Verzichten Sie auf warme Farben.

Helles Colorit

GOLDENE HIGHLIGHTS

Licht-Beigeblond

Savannagold

Hellblond

ROTTÖNE

Cognac

Goldorange

Haselnuß

Helles Haar, helle Augen

Wenn Sie nicht aussehen wollen, als ob Sie eine Perücke tragen, sollten Sie sich nicht dunkel färben lassen. Zudem müßten Sie dann immer den Haaransatz nachfärben und sich zusätzlich Wimpern und Augenbrauen färben lassen. Frischen Sie Ihren Naturhaarton auf, und Sie sind gut beraten.

Goldene Highlights

Halten Sie Farbsträhnen neben Ihr Gesicht (möglichst ohne Make-up) und prüfen Sie, welche am besten aussieht. Mischen Sie ruhig zwei bis drei Blondnuancen, um Sonnenreflexe in Ihr Haar zu zaubern. Zum Beispiel in ein helles Naturblond werden Strähnen aus Goldblond und weichem Kupfergold eingefärbt.

Make-up-Tips: Da Sie bereits hell sind, benötigt Ihr Make-up keine Anpassung, vorausgesetzt, Sie halten sich an Ihre Farben (s. Seiten 90–91). Ihr Lippenstift sollte matt und hell, niemals zu dunkel sein. Benutzen Sie auch Lipgloss. Weiche Braun- oder Grau-Lidschatten wirken sehr harmonisch, auch Blaugrau, wenn Sie blaue Augen haben. Verwenden Sie einen Highlighter aus Limonengelb oder Pfirsich-Rosa. Nehmen Sie als Mascara Mittelbraun und zum Schluß ein mattes Rosa als Rouge.

Garderobe-Tips: Camel ist Ihre eleganteste neutrale Farbe. Je goldener Ihre Haarfarbe wird, desto langweiliger sehen Grautöne aus. Wenn Sie unbedingt Schwarz tragen wollen, dann achten Sie zumindest auf einen großzügigen Ausschnitt. Nehmen Sie statt Weiß lieber Elfenbein; kontrastreiche Muster sind tabu.

Von Blond zu Rot

Blondinen mit warmgrundigem Teint und Sommersprossen sehen als Rothaarige besonders attraktiv aus. Wenn Sie Zweifel haben, dann befolgen Sie die Schritt-für-Schritt-Methode: Erdbeere, weiches Kupfer oder Goldblond und dann erst Karottenrot!

Make-up-Tips: Wenn Sie Ihre Haarfarbe von Blond auf Rot umstellen, sollte Ihr Make-up weniger pinkfarben, sondern mehr beige und pfirsichfarben sein. Die besten Lippenstiftfarben sind Korallenrot und Lachs (oder flammendes Orange für den Abend). Brauner Lidschatten ist ideal, bei blauen Augen auch grauer. Nehmen Sie einen Highlighter in Pfirsich-Rosa oder Melone. Wählen Sie für Ihr Rouge helles warmes Rosa, vermeiden Sie Brauntöne.

Garderobe-Tips: Grautöne sind langweilig, nehmen Sie lieber Camel, Beige- und Goldtöne. Einige warme Braun- und Grüntöne können fade aussehen, besser sind helle und klare Farben. Die Rosatöne müssen einen warmen Unterton besitzen (Orange oder Gelb), dürfen nicht zu frostig sein, auch blaues Pink ist tabu.

Kühles Colorit

HIGHLIGHTS

Licht-Naturaschblond

Mittelblond

Dunkelbraun

FARB-SPÜLUNG/ REFLEXE

Mahagoni

Beaujolais

Schwarz

BLAUTÖNE

Zyklamen

Blauschwarz

Aschbraunes, graues oder weißes Haar; blaue oder braune Augen

Sie haben mehrere Möglichkeiten, Ihre Haarfarbe mit dramatischem Effekt zu verändern. Wenn Sie nicht wollen, daß Ihre Freunde sich wegen Ihrer Gesundheit Sorgen machen, vermeiden Sie jedoch Rot oder Rotbraun, da diese Farbtöne zu stark im Kontrast zu Ihrem Kühlen Colorit stehen.

Highlights

Mit den Highlights hellen Sie Ihre Gesamtfarbe auf. Da Ihre Haut und Ihre Augen kühl wirken, wählen Sie lieber Aschblond statt Goldblond. Sie können Highlights auch mischen: Versuchen Sie ein helles Aschblond und ein weiches Perlblond mit einem hellen neutralen Blond.

Make-up-Tips: Sie brauchen Ihre Palette aus rosigem Pink, Pflaume und roten Lippenstiften (keine Brauntöne!) nicht zu verändern. Nehmen Sie kakaobraune oder graue Lidschatten und einen hellen pink- oder champagnerfarbenen Highlighter, als Rouge weiche Pflaume und gedecktes Rosa.

Garderobe-Tips: Orientieren Sie sich an Ihrer Farbpalette. Also keine kräftigeren Farben (s. die Garderobe des Kühlen Colorits auf den Seiten 94–95), und starke Kontraste oder riesige Muster.

Farbspülung oder Reflexe

Zur Farbverstärkung sind einige wärmere Nuancen möglich. Das kann großartig aussehen, wenn Sie auf Kupfer oder kräftiges Gold verzichten. Versuchen Sie Burgunder-, Mahagoni- oder Heiderot.

Make-up-Tips: Eine wärmere Haarfarbe steht im Widerspruch zu einem sehr kühlen Make-up. Verwandeln Sie Ihre Pinktöne in pinkfarbene Brauntöne. Die Lidschatten sollten neutral sein, ohne Blau oder Grün. Nehmen Sie lieber Kakaobraun, Grau oder Pflaume, dazu einen Highlighter in pfirsichfarbenem Pink. Wählen Sie als Rouge eine ganz natürliche Farbe.

Garderobe-Tips: Wenn Sie Ihre Haarfarbe verstärken, können Sie auch Schwarz tragen. Wenn die Reflexe eine wärmere Färbung bewirken, kombinieren Sie Braun mit Ihren Pinktönen. Blasses Blau sieht weniger interessant aus als Petrol und Türkis. Wählen Sie statt dunklem Marineblau lieber Anthrazitgrau.

Studieren Sie die Garderobe des Gedeckten Colorits auf den Seiten 98–99 und Ihr eigenes Kühles Colorit auf den Seiten 94–95, und Sie werden viele Möglichkeiten entdecken, wie Sie Ihre Garderobe mit Ihrer neuen Haarfarbe harmonieren können.

Blaue, violette oder pinkfarbene Spülungen

Flotte Damen mit weißen Haaren lieben es oft, mit einer Spülung zu experimentieren. Einige wagen sogar kühne Experimente mit ihren weißen Haaren, die recht unnatürliche, doch witzige Ergebnisse erbringen. Man braucht eine starke Persönlichkeit für eine pinkfarbene oder violette Haarpracht!

Stellen Sie sich vor, Sie mischen eine grelle Farbe mit weißer. Das gleiche geschieht bei der Haarfarbe: Das Ergebnis ist eine pastellfarbene Version der Farbe.

Make-up-Tips: Diese Colorationen sind alle kühl, also brauchen Sie Ihre rosigen, pink- und pflaumenfarbenen Lippenstifte nicht umzustellen. Als Lidschatten nehmen Sie weiches Kakao und Grau und etwas Rosa und ein Rouge in Pink.

Garderobe-Tips: Ihre Garderobe des Kühlen Colorits auf den Seiten 94–95 ergänzt jede kühle Spülung oder Tönung. Achten Sie darauf, daß Ihr Stil nicht zu gedämpft ist für Ihre auffällige Haarfarbe.

Warmes Colorit

HIGHLIGHTS

Licht-Beigegold

Savannagold

Colorado-Kupfer

REFLEXE

Dunkelblond

Kastanie

Mahagoni-Kupfer

INTENSIVES ROT

Granatrot

Kupfergold

Coloradorot

Goldblond, Erdbeere, Rot, warmes braunes Haar; grüne, blaue, topasgrüne Augen

Sie haben viele Möglicheiten, Ihre Haarfarbe zu tönen. Doch wählen Sie keine dunklere oder kühlere Haarfarbe (wie Aschblond) als Ihre natürliche. In beiden Fällen würden Sie höchst unvorteilhaft aussehen. Wählen Sie weiches Kupferblond, Kupfergold oder goldene Sandfarben.

Highlights

Wenn Sie blond werden wollen, wählen Sie einen Goldton, niemals Aschblond. Das ist besonders wichtig, wenn Sie beginnen, grau oder weiß zu werden, da Sie ja so lange wie möglich eine warme Haarfarbe behalten möchten. Versuchen Sie einen goldenen Sandton, Cognac oder Goldblond.

Make-up-Tips: Da Sie rotes Haar aufhellen, müssen Sie auf sehr braune Lippenstiftfarben und entsprechende Rougetöne verzichten.

Wählen Sie statt dessen warme Rosanuancen. Nehmen Sie Lidschatten in rauchigen Petroltönen, Grau oder Kakaobraun, dazu pfirsichfarbene Highlighter.

Garderobe-Tips: Sie brauchen Ihre Garderobe nicht zu verändern. Ihr Hautfarbe harmoniert gut mit Pfirsich und Apricot. Camel bleibt Ihre beste Neutralfarbe, besonders vor Marineblau, Grau und Schwarz. Elfenbein ist schmeichelnder als Weiß. Vergleichen Sie die Garderobe des Hellen Colorits auf den Seiten 90–91 mit Ihrer eigenen warmen Garderobe auf den Seiten 96–97, damit Sie wissen, wie Sie am besten Ihre Farben integrieren.

Reflexe

Wenn Sie eine subtile Wirkung erzielen wollen, nehmen Sie dunkleres Goldblond. Größere Glanzlichter erzielt man mit Kupfergold oder Granatrot.

Make-up-Tips: Da Sie Ihren Look auffrischen wollen, vermeiden Sie dumpfe Brauntöne, vor allem bei Ihren Lippenstift- und Rougeschattierungen. Sie können Ihre neue Farbgebung durch lachsfarbenes Rouge und einen Hauch Pfirsich auf die Mitte der Lippen (vielleicht über einem Terracottaton) verstärken. Als Lidschatten nehmen Sie Brauntöne oder weiches Grau und Pfirsich.

Garderobe-Tips: Sie können jetzt Farben oder Stoffe wählen, die etwas kräftiger sind als die matten Gewebe, die an Frauen mit kastanienfarbigem Haar so gut aussehen.

Farbintensivierung

Wenn Ihre Haut und Ihre Augen hell sind, entscheiden Sie sich doch für Kupfer- oder Granatrot. Wenn Sie braune oder grüne Augen haben, wählen Sie eine satte Farbe oder eine Spülung in Rotbraun. Haben Sie blaue Augen, nehmen Sie eine Spülung oder Farbe mit aufhellender Wirkung wie zum Beispiel flammendes Rot.

Make-up-Tips: Bleiben Sie bei Ihren warmen Farben, obwohl Sie sich jetzt bestimmt trauen würden, einen orangefarbenen Lippenstift zu benutzen. Nehmen Sie für den Abend einen Lidschatten, Lippenstift und Rougeton mit Goldeffekt. Der Effekt wird umwerfend sein.

Garderobe-Tips: Jetzt wirkt jede Farbe aus Ihrer Farbskala faszinierend. Ihr ganzes Outfit muß jetzt Ihrer aufregenden Haarfarbe angepaßt sein.

Klares Colorit

HIGHLIGHTS

Dunkelblond

Mittelblond

Hellbraun

DUNKELFÄRBUNG

Schwarz

Dunkelbraun

Beaujolais

SPÜLUNGEN

Warm: Mahagoni

SPÜLUNGEN

Kühl: Zyklamen

Mittel- bis dunkelbraunes, schwarzes oder graumeliertes Haar; helle blaue, grüne, haselnußbraune oder schwarzbraune Augen

Highlights

Wenn Sie grau werden, sollten Sie überlegen, ob Sie Ihre Haarfarbe aufhellen. Wenn Sie jedoch noch nicht grau sind und nie blond waren, könnte eine Aufhellung künstlich wirken und Ihrer Persönlickeit jede Dramatik nehmen.

Eine auswaschbare Tönung könnte weiße Strähnen aufhellen und Ihre Naturfarbe verstärken. Damit wäre das Problem matten weißen oder grauen Haares gelöst.

Make-up-Tips: Eine hellere Haarfarbe bedeutet ein weicheres Colorit (vermeiden Sie also Aschblond, und wählen Sie lieber weiche Goldtöne). Deshalb muß Ihr Make-up gründlich überholt werden. Rote oder kräftige Lippenstifte sind out. Die Farben werden jetzt mit einem neutralen Konturenstift, der unter dem Lippenstift aufgetragen wird, gedämpft. Der Lidschatten ist nun neutral und immer matt (auch abends). Als Rouge sollte ein lachsfarbenes Pink verwendet werden.

Garderobe-Tips: Wenn Sie Ihre Haare aufhellen und Ihr Make-up neu zusammenstellen, müssen Sie auch Ihre Garderobe überprüfen. Vermeiden Sie scharfe Kontraste wie Schwarz und Rot oder Königsblau und Weiß, wählen Sie lieber Zinngrau und Violett oder Marineblau und Braun. Vergleichen Sie die Garderobe des Gedeckten Frauentyps auf den Seiten 98–99 mit Ihrem derzeitigen Klaren Colorit auf den Seiten 100–101, um den Gegensatz zu erkennen. Verzichten Sie darauf, noch heller zu werden.

Dunklere Farbgebung

Möchten Sie wie Schneewittchen aussehen, versuchen Sie's. Bedenken Sie aber, wenn sie über 35 sind, daß dieses Colorit Sie älter machen kann. Beraten Sie sich mit Ihrem Friseur, wie Sie eine satte Haarfarbe bekommen können, die nicht hart wirkt.

Make-up-Tips: Mit einem roten Lippenstift tagsüber und abends sind Sie immer gut beraten. Ihr Augen-Make-up soll kräftig sein – satter anthrazitfarbiger Lidschatten und ein blaßrosa-, lila- oder champagnerfarbener Highlighter. Das Rouge sollte ein warmes Pink oder ein Rosarot sein.

Garderoben-Tips: Wählen Sie Unifarben, oder kombinieren Sie lediglich zwei Farben. Vergessen Sie Muster, außer bei Farben wie Schwarz, Marineblau und Weiß. Tragen Sie nie Beige.

Warme rotbraune oder kühle weinrote Spülungen und Farben

Probieren Sie beides aus, bedenken Sie aber, daß Sie Ihre Garderobe und Ihr Make-up anpassen müssen. Es gilt das gleiche wie für den dunklen Frauentyp (s. Seite 109).

Gedecktes Colorit

DUNKLERE TÖNUNG

Sandbraun

Dunkelblond

Schokobraun

HIGHLIGHTS

Licht-Naturaschblond

Licht-Beigeblond

ROTTÖNE

Palisander

Haselnuß

Dunkel-Goldblond

Dunkelblondes, mittel- bis mausbraunes Haar; braune, haselnußbraune oder blaugraue Augen

Ihre Naturfarbe eignet sich gut zum Experimentieren mit der Haarfarbe, da Ihre Ausgangshaarfarbe für alle möglichen Farbvariationen geeignet ist und interessante Ergebnisse bringt.

Eine Intensivtönung oder Färbung

Wenn Sie zum Beispiel Ihre Haarfarbe durch eine kastanienbraune oder bronzefarbene Tönung verstärken, geben Sie Ihrem Haar Intensität und Wärme. Lassen Sie sich Strähnen machen, damit Sie sehen, ob ein wärmerer Ton Ihrer Haut schmeichelt oder Ihnen ein neutraleres tieferes Braun besser steht.

Make-up-Tips: Wenn Sie eine dunklere Haarfarbe wählen, kann diese die Schatten um die Augen verstärken. Wenn Sie bis jetzt keine Abdeckcreme benutzt haben, wird es Zeit dafür. Ihre Augen benötigen stärkere Betonung. Statt sehr dunkler Lidschatten kombinieren Sie lieber ein paar weiche Töne, wie zum Beispiel Grau und Pflaume oder Kakao und Olivgrün. Probieren Sie aus, ob ein kühleres Pink oder warmes Pfirsich Ihnen als Highlighter besser steht. Lippenstifte in Mahagoni und Brombeerrot wirken matt besser als glänzend. Rot ist nur möglich, wenn Sie darunter einen neutralen Konturenstift geben.

Garderobe-Tips: Jetzt ist Schwarz wieder aktuell. Vergleichen Sie die Garderobe des Dunklen Frauentyps auf den Seiten 92–93 mit Ihrem eigenen Gedeckten Colorit auf den Seiten 98–99, um herauszufinden, wie sie zusammenpassen. Wählen Sie intensive, aber nicht leuchtende Farben.

Highlights

Die Aufhellung Ihrer Haare kann Sie lebendiger aussehen lassen. Halten Sie Farbtest-Strähnen gegen die Haut, um zu testen, ob helles Goldblond oder Aschblond Ihnen besser stehen.

Make-up-Tips: Die Farben sollten weich und neutral sein. Die Wirkung sollte kühl sein, wenn Sie aschblonde Glanzlichter wählen oder warmgrundig, wenn sie goldfarben sind. Studieren Sie die Kühlen (S. 112) oder die Warmen Colorits (S. 114).

Garderobe-Tips: Die Veränderung Ihrer Haarfarbe hat keine Folgen für Ihre Garderobe. Erfreuen Sie sich weiterhin an Ihren Farben.

Rottönung: Kupfer oder Rotbraun

Hier gibt es eine große Auswahl, vor allem für Damen mit braunen Augen. Wenn Sie über Vierzig sind, dürften Reflexe schmeichelnder sein. Ein sattes Kastanienbraun kann faszinierend sein, vor allem wenn Ihre Augen eine kräftige Farbe haben. Wenn Ihre Augenbrauen hell sind, sollten Sie sie färben. Highlights aus warmem Kupfer, vermischt mit Reflexen aus kräftigem Kastanienbraun, sind besonders attraktiv.

Make-up-Tips: Blau- und Grautöne sind passé. Wählen Sie ein warmes Braun, Salbei oder Aubergine und einen pfirsichfarbenen Highlighter. Ihr Rouge und Ihre Lippenstiftfarbe sollten Terracotta oder Zimt sein. Tragen Sie nur ein warmes Rot (auf orangenem Unterton), kein kühles (auf blauem Unterton).

Garderobe-Tips: Sie sehnten sich nach etwas Dramatischem, übertragen Sie das auch auf Ihre Garderobe. Kombinieren Sie neutrale Töne mit lebhaften Farben aus der warmen Farbpalette (s. die Garderobe des Warmen Frauentyps, S. 97), die Sie mit Ihrem eigenen Gedeckten Colorit (S. 99) kombinieren.

Schönheit für Ihr

Gesicht

Die Wirkung eines ausdrucksvollen Outfits oder einer neuen Frisur ist gleich null, wenn Sie kein Make-up tragen. Wenn Sie es richtig machen, kann es ganz unauffällig sein und sehr natürlich, oder es kann extravagant sein und Ihr entsprechendes Outfit unterstreichen. Sie haben die Wahl!

Sie können es sich als Frau nicht erlauben, auf Make-up zu verzichten – es sei denn beim Sport, oder wenn Sie Gartenarbeit erledigen oder zu Hause herumhängen.

Dieses Buch handelt vom Image und davon, wie Sie Ihre natürliche Schönheit am besten betonen können. Unter Zwanzig sehen Sie auch ohne Make-up süß aus, doch wenn Sie nicht mehr nur süß aussehen wollen, sondern ernster oder sexy, dann können Sie auf Make-up nicht verzichten.

Ihr Make-up sieht strahlender und hochwertiger aus, wenn Sie es auf ein gründlich gereinigtes Gesicht auftragen. Die Zeitschriften bombardieren uns zwar mit neuen Schönheitsratschlägen, die richtige Behandlung hängt aber von Ihrer Haut, Ihrem Lebensstil und etwas von Ihrem Geldbeutel ab. Sie können bereits gut aussehen, wenn Sie nur etwas Zeit aufwenden, und brauchen nicht viel Geld auszugeben. Wenn Sie zu viele oder die falschen Produkte verwenden, schaden Sie Ihrer Haut mehr, als daß Sie ihr nutzen.

Ihre Hautbeschaffenheit wird von Ihren Genen, Ihrer Ernährung und Ihren sportlichen Aktivitäten, der Umwelt und Ihrem Alter bestimmt. Gegen Ihre Gene können Sie nichts ausrichten, aber die anderen Faktoren können Sie beeinflussen. Es ist sehr wichtig, was Sie essen und trinken, also kümmern wir uns zuerst darum.

Ernährung

Ihre Hautpflege sollte von innen beginnen. Sie können noch so viele Pflegeprodukte verwenden, sie nützen nichts, wenn Ihre Ernährung zu viele Gifte, zu wenig Wasser, zu wenig Nährstoffe enthält oder wenn Sie rauchen oder sonstwie ungesund leben. Wenn Ihre Ernährung nicht ausgewogen ist, brauchen Sie Zusätze, um einen guten Teint zu erhalten.

Wichtige Nährstoffe für Ihre Haut

Eisen: Neben Calcium- leiden Frauen vor allem unter Eisenmangel. Eisen benötigt Vitamin C, Kupfer, Kobalt oder Magnesium, um vom Körper aufgenommen zu werden. Wenn Sie ein starker Kaffee- oder Teetrinker sind, verhindern Sie die natürliche Eisenaufnahme aus der Nahrung, die Sie zu sich nehmen. Folgende Nahrungsmittel enthalten Eisen: Leber, Nieren, rohes Fleisch, Eigelb, öliger Fisch, Austern, Nüsse, Bohnen und Linsen, grünes Blattgemüse, Spargel, getrocknete Pfirsiche, Weizenmehl, Melasse und Schokolade. Fehlen diese Nahrungsmittel auf Ihrem Speiseplan, sollten Sie ein Multivitaminpräparat zur Ergänzung nehmen.

Ein Bluttest zeigt Ihnen einen eventuellen Mangel. Eisenmangel zeigt sich nicht nur durch schlechte Haut, sondern auch durch allgemeine Müdigkeit und Kälteempfindlichkeit sowie Infektionsanfälligkeit.

Schwefel: Bei der Hautbehandlung wird oft Schwefel äußerlich angewandt. Er ist wichtig für gesundes Haar, Haut und Nägel. Bei proteinhaltiger Ernährung bekommen Sie automatisch den erforderlichen Schwefelanteil. Schwefel findet sich in Rindfleisch, Bohnen, Fisch, Eiern und Kohl.

PABA (Aminobenzoe-Säure): PABA hilft, Falten zu mildern und die Haut gesund zu halten. Ekzeme können Folgen starken PABA-Mangels sein. Wenn Ihre Ernährung genug B-Viamine enthält, sind Sie mit dem Nötigen versorgt. PABA-Nahrungsmittel sind Bierhefe, Leber, Nieren, ganze Körner, Weizenkeim und Melasse.

Vitamin C: Das wichtigste Antioxidans und ein wichtiges Vitamin nicht nur für gute Gesundheit, sondern auch für die Zellerneuerung und die Eisenaufnahme. Raucher sollten täglich 1000 mg einnehmen, um die Nährstoffe aus ihrer Ernährung aufnehmen zu können, die durch das Rauchen behindert werden. Vitamin C ist enthalten in Obst (insbesondere Zitrusfrüchten), grünem und Blattgemüse, Tomaten, Kartoffeln und Paprikaschoten.

Ihr Hauttyp

Jedes größere Warenhaus ist für eine Hautanalyse mit Mikroskopen, Videos und anderen Dingen ausgestattet. Auch wenn Sie erst 25 sind, ist es deprimierend, Ihre Haut x-mal vergrößert zu sehen – und all die Zeichen von Schädigungen. Doch entscheidend ist, wie fett oder trocken Ihre Haut ist.

Sie wissen sicherlich, welchen Hauttyp Sie haben. Fettige Haut glänzt, während trockene Haut juckt und unangenehm ist, wenn sie nicht genug Feuchtigkeit erhält. Vielleicht sind Sie auch ein Mischtyp. Sie können testen, welchen Hauttyp Sie haben, wenn Sie Ihre Haut wie üblich mit Ihrem Cleanser reinigen und dann dreißig Minuten lang ohne Feuchtigkeit lassen.

Wenn die Haut innerhalb von zehn Minuten zu spannen anfängt, dann haben Sie trockene Haut. Wenn Sie nach einer halben Stunde mit einem Kosmetiktüchlein über Ihre Nase und Ihr Kinn streichen und das Kosmetiktüchlein Fettspuren aufweist, dann haben

Sie fettige Haut. Oder Sie haben eine Mischhaut, bei der Stirn, Nase und Kinn fettig sind und der Rest trocken oder normal ist.

Ihre Haut verändert sich nicht nur mit dem Alter, sondern auch mit der Jahreszeit und mit Ihrer Umwelt. Frauen, die in Büros mit Klimaanlage arbeiten, neigen wegen der mangelnden Luftfeuchtigkeit zu trockener Haut. Im Freien trocknen Sonne oder Wind selbst die fettigste Haut aus und hinterlassen Schäden bei Mischhaut und trockener Haut. Sie müssen Ihre Haut das ganze Jahr hindurch beobachten und ihr die Nahrung geben (durch Ihre Ernährung und durch Pflege), die sie benötigt, um in guter Verfassung zu bleiben.

SCHWITZEN SIE TÜCHTIG

Nichts ist für die Haut besser als Sport, der Herz und Kreislauf in Schwung bringt und durch den Schweiß die Gifte unter der Haut ausschwemmt. Verstopfte Poren und Mitesser können danach viel leichter behandelt werden.

Nach dem Sport sehen Sie erhitzt und fleckig aus. Nehmen Sie eine Dusche, kühlen Sie sich ab, und innerhalb von 30 Minuten werden Sie strahlen.

Die richtigen Produkte für Sie

Jede Haut profitiert von zweimal täglicher Schönheitsroutine. Morgens ist Ihr Gesicht mit abgestorbenen Zellen bedeckt, die von den neuen Zellen abgestoßen werden. Wenn Sie diese ungereinigte Haut mit Make-up bedecken, sehen Sie fleckig aus. Also reinigen Sie die Haut gründlich, frischen Sie sie mit einem nicht-alkoholischen Gesichtswasser auf, um die abgestorbenen Zellen, Fett und Reinigungslotion zu beseitigen. Dann tragen Sie Feuchtigkeitscreme auf. Hier einige Tips für die drei wichtigsten Hauttypen.

Trockene Haut

Schutz und Feuchtigkeit sind die Zauberworte. Vermeiden Sie Reinigungslotionen, die seifenartige Zusätze enthalten, auch wenn diese noch so mild sein mögen. Nehmen Sie lieber milde Reinigungslotionen in Cremeform, die möglichst viele Naturingredienzen enthalten. Kamille- und Lavendelöl eignen sich hervorragend für trockene Haut.

Tragen Sie den Reiniger behutsam auf das ganze Gesicht auf, um das Make-up zu lösen. Dann entfernen Sie den Cleanser und das Make-up mit feuchten Wattepads. Wiederholen Sie das Ganze, besonders, wenn Sie viel Make-up aufgetragen hatten. Sie können den Cleanser auch mit einem warmen feuchten Waschlappen entfernen. Danach spüren Sie, daß Ihr Gesicht sauber und frisch ist. Wenn Sie morgens und abends Feuchtigkeitscreme auftragen, kann die Haut nicht austrocknen.

Je trockener die Haut ist, desto mehr Feuchtigkeit sollte Ihre Creme enthalten, besonders über Nacht, wenn die Haut ihre Zellen erneuert. Eine reichhaltige Nachtcreme kann die Haut mit ausreichend Feuchtigkeit und Fett versorgen, was während des Tages unter dem Make-up nicht möglich und ungünstig ist.

Mischhaut

Im Winter befolgen Sie beim Reinigen den Rat für trockene, empfindliche Haut, im Sommer nehmen Sie lieber ein Gel oder Reinigungsschaum aus milden Zutaten, wenn sich die Haut öliger anfühlt. Wasserlösliche Gels eignen sich gut für Mischhaut und fettige Haut und stellen die Feuchtigkeit wieder her.

Tragen Sie Feuchtigkeitscreme auf die Stirn, die Wangen und den Hals auf, und entfernen Sie den Überschuß. Morgens sind Reinigen, Klären und Feuchtigkeitscreme Schritt Nummer eins, dann wenden Sie sich anderen Dingen zu (trinken Sie eine Tasse Tee, machen Sie das Bett, und kleiden Sie sich an). Danach prüfen Sie, ob die Feuchtigkeitscreme eingezogen ist. Ihr Make-up sieht bei Tag besser aus und hält länger, wenn Sie nicht zuviel Feuchtigkeitscreme auftragen.

Fettige Haut

Das Wichtigste ist die Reinigung, um die Poren zu öffnen und Pickel zu vermeiden. Reinigungscremes lassen Ihre Haut ölig glänzen, also wählen Sie ein Gel oder einen Schaumreiniger aus einer Alkalilösung, die den pH-Wert wiederherstellt.

Abends kann ein Peeling gemacht werden, doch nicht täglich, sondern nur dann, wenn Ihre Talgdrüsen zu stark arbeiten. Tragen Sie das Peeling mit den Fingerspitzen auf, massieren Sie es leicht ein, um das Make-up und Unreinheiten zu entfernen.

Als letztes kommt eine leichte Feuchtigkeitscreme – um die Haut mit Feuchtigkeit zu versorgen und Unreinheiten zu vermeiden –, aber umgehen Sie die T-Zone und Zonen mit großen Poren und Pickeln.

Einige Fachbegriffe

AHA (Alpha-hydroxy acids, Fruchtsäuren) Natürliche Säuren, die in Obst, Zucker und Milch enthalten sind. Sie lösen die toten Zellen ab, so daß die Haut frischer aussieht. Cremes, die AHAs enthalten, besitzen einen milden Peeling-Effekt, glätten die Haut und fördern die Zelltätigkeit.

Antioxidantien Das sind Wundervitamine wie z. B. Vitamin A, C und E, die die freien Radikalen anziehen und stabilisieren (Moleküle im Körper und in der Haut, die durch Umweltverschmutzung, Rauchen und Sonneneinwirkung freigesetzt werden).

Collagen Ein Protein, das das Gewebe in der Haut bindet (zwei Schichten unter der Oberfläche) und der Haut ihre Spannung gibt.

Elastin Zusammen mit Collagen macht dieses Protein die Haut weich und geschmeidig. Produkte mit Elastin machen die Haut geschmeidiger.

Feuchtigkeits-Hilfsmittel Sie sind mehr als einfache Feuchtigkeitscremes, da sie ein superfeuchtigkeitsspendendes Agens namens Hyaluron-Säure enthalten. Gut als Gegenmittel gegen Trockenheit schließen sie die Feuchtigkeit im Gewebe ein.

Hautstraffende Lotionen Sie bestehen aus pflanzlichen Extrakten, die helfen, die oberen Hautschichten zu festigen. Es gibt jedoch keinen Beweis, daß diese Lotionen Collagen und Elastin ersetzen können.

Liposome Winzige Wasser- und Fettkügelchen, die die Ingredienzen dorthin schaffen, wo die Haut sie benötigt.

Sonnenschutzfaktor Ein Maßstab, wie effizient Sonnenschutzprodukte gegen UV-Strahlen schützen. Wenn zum Beispiel Ihre Haut zehn Minuten braucht, um braun zu werden, gibt Ihnen ein Faktor 15 Schutz für fünfzehnmal mehr – also können Sie 150 Minuten in der Sonne bleiben, bevor Sie anfangen zu brutzeln.

Vitaminhaltige Feuchtigkeitscremes Diese bedienen sich der Antioxidans-Eigenschaften von Vitamin E, um die freien Radikalen einzudämmen, oder der natürlichen feuchtigkeitsverstärkenden Eigenschaften von Vitamin A.

Zeramide Fettlipoide in der Haut, die eine natürliche Feuchtigkeitsbarriere errichten. Produkte, die synthetische Zeramide enthalten, tragen dazu bei, diese Barriere zu stärken, die Hautzellen zu binden und die Haut prall erscheinen zu lassen.

Hautpflegeprodukte für Damen in mittleren Jahren

AHA-Creme Wenn sich die Zellerneuerung verlangsamt, ist es wichtig, daß tote Zellen abgestoßen werden, die die Haut zu stumpf aussehen lassen. Doch Rubbelcremes sind zu scharf für Ihre Haut, da sie jetzt dünner ist als früher. Eine AHA-Creme rubbelt die Haut auf natürliche Weise ab, ohne sie zu schädigen.

Anti-Alterungs-Cremes Neueste medizinische Untersuchungen haben ergeben, daß einige dieser Cremes wirklich die Haut straffer machen und Falten reduzieren. Aber seien Sie gewarnt: Diese Cremes sind nicht gerade preiswert.

Augencremes/Gels Bereits eine Dreißigjährige weiß, wie zart das Gewebe um die Augen ist. Verwenden Sie dafür eine gute Creme oder ein Gel. Reichhaltige Nachtcremes eignen sich nicht für die Augenzone, denn sie können diese zarte Haut schlaff machen.

Reinigungslotion und Gesichtswasser Die mildeste Reinigungslotion ist gerade gut genug. Benutzen Sie die Reinigung, um die Haut zu massieren, abgestorbene Zellen, Make-up und Hautunreinheiten zu entfernen. Das Gesichtswasser sollte alkolholfrei sein.

Masken Einmal pro Woche sollten Sie eine Feuchtigkeitsmaske auflegen, um die Haut anzuregen. Gönnen Sie sich diese Entspannung.

Nachtcreme Wenn Sie abends eine Creme mit viel Feuchtigkeit auftragen, kann die Haut während der Nacht diese Extradosis aufnehmen. Es gibt spezielle Feuchtigkeitscremes für Gesicht, Hals, Hände und den Körper, sofern es Ihr Budget zuläßt. Investieren Sie auf jeden Fall in Ihr Gesicht.

Make-Up-Grundausstattung

Hier kommt alles, was Sie über Make-up wissen müssen. Wir beginnen mit der Grundausstattung.

Alles für den Frisiertisch

Grundausstattung:

- Grundierung und Schwämmchen
- Abdeckstift
- Loser Transparentpuder mit Puderquaste und großem Pinsel
- Lidschatten und drei Pinsel mit langem Stiel
- Rouge und Rougepinsel
- Pinzette
- Kajalstifte
- Mascara und Kamm/Bürstenkombi für Wimpern
- Konturenstift
- Drei Lippenstifte, die zu Ihrer gesamten Garderobe passen, auch Ihr bester Rotton
- Anspitzer

Extras (wahlweise):

- Wimpernzange
- Augenbrauenstift (brauner Lidschatten geht auch)
- Bronzepuder
- Lipgloss
- Weißer Kajalstift

Inhalt des Schminktäschchens

Es hängt von Ihrem Lebensstil ab, wieviel Sie in Ihrem Schminktäschen herumtragen, um Ihr Make-up aufzufrischen. Frauen, die früh von zu Hause weggehen und die, wenn sie abends ausgehen, nicht nochmal eigens nach Hause fahren können, sollten folgendes bei sich haben:

- Pudergrundierung oder Kompaktpuder (letzterer deckt besser ab)
- Eine Kombination Rouge und Lidschatten-Puder, um das Make-up aufzufrischen
- Ein schwarzer Eyeliner kann jeden Lidschatten verstärken und läßt Ihre Wimpern dichter aussehen
- Mascara

- Konturenstift
- Gloss oder Lippenstift
- Parfüm

Hygiene lohnt sich

Halten Sie Ihr Make-up-Zubehör sauber, um Bakterien zu vermeiden. Sauberes Handwerkzeug hält länger. Bürsten können jahrelang, Puderquasten monatelang und Schwämme ein paar Wochen halten.

Make-up-Schwämme sollten nach jeder Benutzung ausgewaschen werden. Trocknen Sie sie an der Luft. Schwämme oder Quasten von Kompaktpuder müssen, wenn sie täglich benutzt werden, wöchentlich gewaschen werden. Stecken Sie sie in alte Strumpfhosen und geben Sie sie in die Waschmaschine (Schonwäsche).

Alle zehn Tage sollten Sie Ihre Pinsel mit etwas Shampoo reinigen und dann ausspülen. Pinsel werden kurz eingeseift und dann ausgespült. Lassen Sie die Bürsten und Pinsel lufttrocknen.

Grundierung

Halten Sie sich an die Farbe Ihres Teints. Wählen Sie bei Ihrer Grundierung keine Farbe, die völlig von Ihrer Naturfarbe abweicht, auch wenn Sie rosiger oder gebräunter aussehen möchten. Ein falsches Make-up läßt Sie kränklich oder fleckig aussehen.

Wenn Sie eine neue Foundation kaufen und bereits eine aufgetragen haben, dann entfernen Sie Ihr Make-up an der Kinnlinie und testen Sie es dort. Gehen Sie ans Tages-

licht, und prüfen Sie, welcher Ton am besten zu Ihrer Haut paßt.

Es hängt von Ihrer Haut ab, ob Sie sich für ein Make-up in Creme- oder Puderform entscheiden oder in flüssiger Form. Wenn Ihre Haut das Make-up aufzusaugen scheint, liegt es wohl daran, daß Sie eine trockene Haut haben, also eignet sich am besten die Cremeform. Puder-Make-up ist ideal für fettige Haut. Den leichtesten Effekt schafft das flüssige Make-up, das mit einem Schwamm aufgetragen werden sollte.

Sie benötigen im Jahr zwei farblich unterschiedliche Foundations, vor allem wenn Sie gern im Freien sind und in der Sonne. Sie können die beiden Schattierungen mischen, wenn Ihre Bräune zunimmt oder verblaßt.

Auftragen von Grundierung

Frauen und Make-up-Künstler sind sich nicht darüber einig, ob man die Grundierung mit dem Schwamm oder dem Finger auftragen soll. Das hängt ganz von Ihrer Vorliebe ab. Tragen Sie etwas flüssiges oder Creme-Make-up auf Ihren Handrücken auf, und nehmen Sie es mit Ihren Fingern oder Ihrem Schwamm ab. Wenn Sie sich direkt aus der Tube oder Flasche bedienen, nehmen Sie zuviel. In der Kosmetik heißt es immer: Weniger ist mehr.

Rote Haut

Sie kann durch Witterungseinflüsse entstehen, durch geplatzte Äderchen oder häufiges Erröten. Betroffene Frauen verzichten oft auf Make-up und begnügen sich mit Lippenstift und Lidschatten. Doch für sie eignet sich eine grünliche Foundation und Feuchtigkeitscreme am besten. Die Grundlage aus Minze neutralisiert die Röte, so daß sie Ihre Lieblingsfoundation darüber geben können.

Grundierung ist gut für Sie

Auch wenn viele Frauen anderer Ansicht sind: Grundierung ist gut für die Haut. Ich verzweifle, wenn mir Frauen erklären, sie wollten lieber einen „reinen“ Teint und keine Foundation. Eine gute Grundierung schützt vor Luftverschmutzung und schädlichen UV-Strahlen. Erkundigen Sie sich, welchen Sonnenschutz die entsprechende Foundation bietet, damit Ihre Haut optimal geschützt ist.

Abdeckstift

Abdeckstifte überdecken dunkle Ringe, Linien und Pickel. Überlegen Sie, nachdem Sie Ihre Foundation aufgetragen haben, was überdeckt werden muß. Ihr Teint sollte farblich dem Abdeckstift entsprechen.

Tragen Sie mit dem Ringfinger die Abdeckfarbe auf. Lassen Sie sie einwirken, um eventuell noch mehr aufzutragen.

Mit einem Wattestäbchen wird die Abdeckflüssigkeit direkt auf einen Pickel aufgetragen. Verzichten Sie auf den Applikator, da dadurch Bakterien in die Tube eingeschleust werden können und Sie dann bald wie ein Streuselkuchen aussehen.

Puder

Flüssiges Make-up oder Make-up in Cremeform muß mit Puder abgedeckt werden, um haltbarer zu sein, denn die Foundation verwischt sich, färbt ab oder wird glänzend.

Morgens ist loser Puder am besten. Ein Schwamm oder Wattepad, der in Puder getaucht wird, ist die beste Methode, den Puder auf das Gesicht aufzutragen. Die Foundation absorbiert ihn ganz schnell. Zuviel Puder kann dann mit einem Pinsel abgestäubt werden.

Puder mit einem lichtsammelnden Effekt läßt die Haut natürlich und jünger aussehen. Schwerer, matter Puder läßt Sie älter aussehen, besonders, wenn Sie nicht mehr die Jüngste sind. Probieren Sie immer mal wieder eine neue Formel aus, um eine optimale Lösung zu finden.

Puder für den Abend

Stäuben Sie etwas schimmernden Puder auf

Das beste Rouge für Sie

Sie benötigen lediglich ein Rouge, das zu Ihrer Garderobe paßt und Sie gut aussehen läßt. Es darf nicht Ihr Augen- oder Lippen-Make-up ausstechen.

Wählen Sie Ihr Rouge nicht einfach nach dem Aussehen, denn das täuscht. Auf Ihrer Haut wirkt es vielleicht ganz anders als im Geschäft. Testen Sie die Farben auf der Innenfläche Ihres Arms.

Um die richtige Farbe zu wählen, müssen Sie zwei Tests machen. Zuerst testen Sie

die Schläfen, den Haaransatz, die Schultern und das Dekolleté.

Rouge

Lidschatten, Lippenstift und Rouge unterliegen der Mode. Doch feurig rote Wangen oder ein Make-up ohne Rouge sehen gleichermaßen ungünstig aus.

Welches Rouge Sie verwenden sollten, hängt von der Wirkung ab, die Sie erzielen wollen. Wenn Sie nur einen Hauch Farbe wünschen, nehmen Sie ein Puderrouge, das über den Gesichtspuder aufgetragen wird. Eine intensivere Farbe erzielen Sie mit einem Creme-Rouge, das Sie unter den Gesichtspuder geben und mit Puder-Rouge aufpeppen. Junge Leute lieben Gel-Rouge, das jedoch leicht verschmiert.

den Unterton: Brauchen Sie ein warmes Rouge wie Lachs, Terracotta und Zimt oder ein kühles wie Rosapink, Pflaume oder Fuchsie? Die richtige Farbe sieht natürlich aus, die falsche wird immer schlecht aussehen. Der zweite Test bezieht sich auf die Farbintensität. Wenn Sie hell sind, wollen Sie nur einen Hauch Farbe: je transparenter, desto besser. Besitzen Sie eine dunkle Haut, brauchen Sie eine kräftigere Farbe, die Ihr gutes Aussehen betont.

Wählen Sie nie das Rouge nach Ihrem Outfit. Es soll nur unterstreichen, daß Sie sich gesund fühlen oder ein paar Stunden im Freien verbracht haben.

Auftragen von Rouge

Lächeln Sie Ihr Spiegelbild an. Streichen Sie von der Mitte der Wangen das Rouge zu den Schläfen hoch, bis zu den Augenbrauen. Ein Hauch von Rouge „hebt" das Gesicht und lenkt die Aufmerksamkeit auf Ihre Augen.

Das Rouge wird immer mit Aufwärtsbewegungen verteilt. Je größer der Pinsel, desto weicher die Wirkung. Haben Sie zuviel Rouge aufgetragen, dämpfen Sie es mit einem transparenten Puder. Haben Sie es eilig, können Sie Rouge auch als Lidschattengrundierung benutzen.

Rouge am Abend

Abends nehmen Sie ein helleres, leuchtenderes Rouge zusammen mit einem dunkleren seitlich an den Wangen.

Konturenpuder

Stört Sie Ihr breites Gesicht, Ihre Pausbacken oder Ihr Doppelkinn, dann nehmen Sie ein braunes oder bronzenes Rouge, um diese Stellen auszugleichen. Versuchen Sie nicht, Ihr Gesicht neu zu formen, wie es in den Kosmetiktips oft angegeben wird, denn diese Tricks beherrschen nur Make-up-Künstler, Sie aber nicht.

Je größer der Puderpinsel, desto natürlicher ist das Ergebnis.

Lidschatten

Es gibt Lidschatten, die großartig zu Ihren Augen wie auch Ihrer Garderobe passen. Es macht Spaß, mit neuen Farben und Techniken zu experimentieren, doch die meisten Frauen wollen einfach nur wissen, was ihnen steht. Überprüfen Sie die Lidschatten, die bei Ihnen herumliegen. Wie viele davon benutzen Sie wirklich? Es wird Zeit, daß Sie sie aussortieren.

Alle, die über ein Jahr alt sind, sollten weggeworfen werden, da sie Bakterienträger sind. Werfen Sie alles weg, was Ihnen nicht gefällt, und befolgen Sie unsere Tips über die richtigen Farben.

Ihre richtigen Farben

Color Me Beautiful ist Ihr Farbexperte. Wenn Sie die falschen Make-up-Farben wählen, sehen Sie krank aus, müde oder älter. Wenn wir Sie farbberaten haben, können wir Ihnen eine Palette geben, die zu Ihrer gesamten Garderobe paßt.

Die richtigen Farben werden durch Ihre Haar-, Augen- und Hautfarbe bestimmt. Wenn Sie Ihr natürliches Colorit ergänzen, sieht Ihr Make-up authentischer aus, und Sie wirken gesünder. Doch Sie können mit Farben auch dramatische Effekte erzielen.

Wenn eine Frau mit grauen Haaren und blauen Augen pfirsichfarbenen und braunen Lidschatten zu einem Lippenstift aus Terracotta trägt, weil sie ein braunes Kleid anhat, zerstört sie die Schönheit ihrer eigenen Farben. Dieses braune Kleid paßt fabelhaft zu pinkfarbenen und grauen Lidschatten und pflaumenfarbenen Lippenstiften. Sie sieht damit strahlender und jünger aus.

Frauen mit eher „neutralem“ Colorit – nicht sehr dunkel oder hell, nicht sehr kühl oder warm – besitzen die meisten Möglichkeiten, ihre Farben mit dem Make-up zu ändern. Doch überlegen Sie, welches Chaos entsteht, wenn Sie braunen Lidschatten mit einem kräftigen pinkfarbenen Lippenstift tragen.

Lassen Sie sich beraten, um die besten Farben für sich zu entdecken. Dann können Sie Ihre Kosmetika optimal nutzen und sehen immer großartig aus.

Doch bestimmte Farben gehören zu jeder Lidschatten-Sammlung: Sie sind flexibel, passen zu jeder Frau und sind immer modern.

Graugrün: Das ist ein weiches, dunkleres Tannengrün, das einen Grauton hat. Es paßt gut zu jeder Augenfarbe.

Melone: Ein warmer elfenbeinfarbener Highlighter, der über das ganze Auge verteilt werden kann oder als Highlighter verwendet wird. Die Farben Grau, Braun,

Marineblau, Pinie oder Pflaume lassen sich damit gut verblenden.

Apricot oder blasses Rosa: Frauen mit wärmerem Colorit sehen gut aus in pfirsichfarbenem Apricot, während solche mit kühlerem in frostigen blassen Rosafarben besser aussehen. Auch als Highlighter zu benutzen.

Taupe/Kakao: Weiche Brauntöne mit einem Hauch Grau oder Pink. Echte Rothaarige mit Sommersprossen sehen besser aus in warmen Brauntönen, doch sonst kann jeder helle Brauntöne wählen. Entscheiden Sie sich für dunklere Töne, wenn Sie dunkle Augen haben und für hellere, wenn Sie helle oder intensivere Augen haben.

WEITERE FARBTIPS

Braun: Gehen Sie vorsichtig damit um. Wählen Sie das falsche Braun, kann es trostlos aussehen und Ihre Augen eingefallen und müde aussehen lassen.

Grau: Ideal für rauchige Effekte. Macht sich großartig mit einem weichen, gelben oder apricotfarbenen Highlighter.

Blau: Blauäugige Frauen sollten Grau oder petrolfarbige Schattierungen wählen, die ihre Iris farblich ergänzen. Tragen Sie kein Blau, wenn sie braune oder haselnußbraune Augen haben.

Grün: Moosgrün, Olivgrün, Jade und Pinie sind möglich. Um diese Töne rauchiger und eleganter aussehen zu lassen, mischen Sie sie mit etwas Grau oder Taupe. Achtung: Viele Grüntöne lassen blaue Augen blaß aussehen.

Pflaume: Wie bei anderen Farben gibt es viele Schattierungen, und einige schaffen einen dunklen Effekt. Pflaumenfarbene Nuancen, die auf Gelb basieren, wirken unnatürlich, während rosige Töne oder satte Violettnuancen an allen Augen gut aussehen. Mischen Sie sie nicht mit Brauntönen.

Gelb-/Goldtöne: Diese Töne sind recht unnatürlich und sollten bei Lidschatten nur sparsam verwendet werden. Sie sehen nur prächtig an Rothaarigen und erdbeerfarbenen Blondinen aus, besonders abends.

Pastelltöne: Im Frühling werden alle möglichen Bonbonfarbtöne angeboten. Sie dürfen nur äußerst sparsam verwendet werden: als Highlighter auf der Mitte des Lids aufgetragen. Tagsüber sollte man sie vermeiden, besser für den Abend aufheben.

Matt oder mit Perleffekt? Matte Lidschattenqualitäten variieren stark, dabei ist es schwierig, die mattesten aufzutragen und zu verblenden. Testen Sie die Farben mit einem Pinsel.

Perlglanz-Lidschatten sehen in den Zeitschriften sehr attraktiv aus, wirken aber oft bei Tag lächerlich. Wählen Sie sie nur, wenn sie unter 35 sind, und nach sechs Uhr abends. Tragen Sie diesen glänzenden Lidschatten auf die Mitte des Lids oder direkt unter den Augenbrauen auf.

Auftragen von Lidschatten

Bevor der Lidschatten aufgetragen wird, müssen alle Reste von Creme, Gel oder Reiniger entfernt werden. Wenn Ihr Lidschatten nach ein paar Stunden verblaßt, tragen Sie darunter Lidschattengrundierung (Eyebase) auf. Sie wird leicht auf das Lid aufgetragen und hat folgende drei Vorteile: 1. Der Lidschatten läßt sich leichter auftragen und kombinieren. 2. Man benötigt weniger Lidschatten. 3. Ihr Lidschatten verschmiert nicht und hält stundenlang.

Auf glatten Lidern kann statt dessen ein leichter Gesichtspuder als Unterlage dienen. Verteilen Sie einfach ein wenig auf den Lidern, wenn Sie Ihr Gesicht schminken.

LIDSCHATTEN-TIPS

- Verteilen Sie Eyebase auf dem Lid, um die Farbe zu egalisieren.
- Probieren Sie ein blasses Elfenbein, Apricot oder Pink. Benutzen Sie einen breiten Pinsel, um eine gute Wirkung zu erzielen.
- Gehen Sie mit dem Lidschatten sparsam um. Es ist leichter, noch etwas nachzutragen. Wenn Sie zuviel aufgetragen haben, wischen Sie den Überschuß mit einem eckigen Make-up-Schwämmchen ab.
- Arbeiten Sie von außen nach innen. Die Stelle, an der Sie Ihren Lidschatten zuerst auftragen, bekommt am meisten Farbe ab.
- Tragen Sie Farbe mit einem schmaleren Pinsel auf, und verblenden Sie sie mit einem breiteren.
- Um die Augen zu „heben", verteilen Sie Lidschattensets mit dem Pinsel in Aufwärtsbewegungen. Bei Abwärtsbewegungen sehen Ihre Augen traurig aus; dunkle Farben lassen

die Augen „zurücktreten“, helle Farben heben hervor. Betrachten Sie Ihre Augen.

- Mittlere bis kräftige Farben mildern tiefliegende Augen. Um begrenzten Raum optimal zu nutzen oder die Aufmerksamkeit auf eine bestimmte Stelle zu lenken, wie zum Beispiel die Mitte des Lids, verwenden Sie helle Farben.
- Lidschatten sollte lediglich zum Verstärken des Kajalstifts aufgetragen werden. Haben Sie Falten oder Tränensäcke unter den Augen, verzichten Sie auf eine Umrahmung.

Lidschatten für den Abend

Halten Sie die Augen sehr hell, oder verwenden Sie etwas Glanzlidschatten. Tragen Sie sattes Braun oder Grau unterhalb des Brauenbogens auf. Nehmen Sie eine dunkle Farbe für das Dreieck am äußeren Lid (Marineblau, Pinie oder Pflaume) und verblenden Sie es mit Grau oder Braun bis in den Lidbogen.

Kajalstrich

Kajalstifte lassen Ihre Augen dramatischer wirken und die Wimpern länger erscheinen. Sie lenken die Aufmerksamkeit auf Ihre Iris. Weiche Kajalstifte sind besser als flüssige Eyeliner, schaffen eine weichere Wirkung und können leichter korrigiert werden.

TIPS FÜR KAJAL

- Ihr Kajalstift muß immer gut gespitzt sein, damit Sie einen sauberen Strich ziehen können.
- Umrahmen Sie nicht das ganze Auge, denn es wirkt dadurch kleiner.
- Nur bei großen Augen sollten Sie den Kajalstrich über dem ganzen Oberlid verteilen; wenn Sie kleine Augen haben, malen Sie den Strich nur zur Hälfte oder zu einem Drittel.
- Ihr Kajalstrich auf dem Oberlid sollte immer mit Lidschatten fixiert werden, damit er nicht verwischt.
- Am äußeren Ende sollte der Strich leicht hochgezogen werden, um ein schlaffes Auge „anzuheben“.
- Vermischen Sie verschiedene Lidschatten über Ihrem Kajalstrich, um unterschiedliche Effekte zu erzielen.
- Konturieren Sie das Unterlid nur zu einem Drittel oder einem Viertel (von außen). Unterlassen Sie es, wenn Sie Augenfalten oder Tränensäckchen haben.
- Vermeiden Sie helle Kajalfarben, die mit der Farbe Ihrer Iris konkurrieren.

- Ein weißer Strich auf dem inneren, unteren Lid läßt Ihre Augen größer und strahlender wirken.
- Viele Lidschatten können mit einem nassen Pinsel aufgetragen werden und als Lidstrich fungieren. Nehmen Sie einen feinen Pinsel.

Mascara

Viele Frauen gehen nicht ohne Mascara aus dem Haus. Die Wimpern können nie zu dicht oder zu lang sein, weshalb Mascara bei einer perfekten Verschönerung so wichtig ist.

Die Kosmetikindustrie bringt immer wieder neue Mascaras auf den Markt, doch viele von uns haben ihre Lieblingsmarke. Trotzdem sollten Sie von Zeit zu Zeit etwas Neues ausprobieren. Wenn Sie einen Mascara testen, verlangen Sie einen frischen Einwegapplikator und ein relativ unbenutztes Produkt, denn Mascaras sind eine Quelle für Bakterien.

Sind Sie hell, wirkt schwarzer Mascara zu hart an Ihnen. Nehmen Sie lieber braunen oder grauen. Farbige Mascaras, mit Ausnahme der dunklen Farben Marineblau, Pinie oder Pflaume, lenken ab und heben die Wirkung Ihrer Iris auf.

Abschminken: Beim Abschminken legen Sie einen Wattepad unter die Wimpern und nehmen ein Wattestäbchen, das Sie in einen nicht-öligen Augen-Make-up-Entferner getaucht haben, und bestreichen damit die Wimpern von der Wurzel zur Spitze. Schnell, sauber und einfach!

MASCARA-TIPS

- Verwenden Sie zuerst eine Wimpernzange und tragen dann die Mascara auf.
- Benutzen Sie Mascara auf den mittleren und äußeren Wimpern, das Auge wirkt dann größer.
- Tuschen Sie nur dann die unteren Wimpern, wenn Sie keine Falten oder Tränensäcke haben.
- Nach dem Auftragen von Mascara kämmen Sie die Wimpern mit einem Wimpernbürst-

chen. Sie müssen noch feucht sein, sonst könnten Sie sie beschädigen.

- Um dichtere Wimpern zu bekommen, müssen sie vor dem Auftragen von Mascara leicht mit Puder bestäubt werden.
- Zuviel Mascara kann leichter entfernt werden, wenn er trocken ist.
- Alle vier Monate sollten Sie einen neuen Mascara kaufen, um eine Infektion zu vermeiden.
- Pumpen Sie den Applikator in der Hülle nicht auf und ab; dadurch dringt Luft ein und trocknet jeden Mascara aus.

Augenbrauen

Da die Augenbrauen Ihre Augen umrahmen, sollten sie immer gut in Form sein.

Frauen mit schönen Augenbrauen brauchen lediglich kurz mit einer Bürste darüber zu streichen. Dies sollte am besten nach dem Anziehen erfolgen, denn wenn Sie einen Pullover über den Kopf ziehen, werden die Brauen eventuell nach unten gedrückt, was Ihnen ein müdes oder mürrisches Aussehen gibt.

Die Schönheitsexperten schreiben in jeder Saison etwas anderes für die Brauen vor. Einmal sollten sie dick und buschig sein, dann wieder sollte man sie rasieren, um mit dem Augenbrauenstift schmale Striche zu malen. Am besten steht Ihnen Ihre natürliche Augenbrauenform. Sie brauchen sie lediglich etwas zu korrigieren. Einen neuen Look mit der Pinzette zu kreieren, endet oft mit Tränen.

AUGENBRAUEN-TIPS

- Bürsten Sie die Augenbrauen nach oben und nach außen, um das Auge zu „liften". Nehmen Sie einen neutralen Mascara für struppige Augenbrauen.
- Füllen Sie Lücken, oder verlängern Sie die Brauen mit einem gut gespitzten Stift, der etwas heller als Ihre Naturfarbe sein sollte. Auf keinen Fall sollte er dunkler sein, sonst sehen Sie aus wie Kleopatra.
- Lücken füllen Sie am besten mit einem Tupfer Lidschatten in Taupe oder Kakaobraun, den Sie auf einen kurzen harten Pinsel auftragen.
- Kajalstifte eignen sich nicht für die Augenbrauen, da sie zu leicht verschmieren.
- Entfernen Sie wiederspenstige Härchen unterhalb und am Ende der Augenbrauen.
- Entfernen Sie die Haare zwischen den Augenbrauen ebenfalls mit der Pinzette

Die Lippen

Es heißt, Lippen und Augen verrieten durch ihre Form viel über einen Menschen. Große Augen ließen auf einen großzügigen Menschen schließen und kleine Augen auf einen tückischen; dünnlippige Frauen seien geizig, und Frauen mit vollen Lippen sinnlich. Was für ein Unsinn!

Sie können aber immer das Beste aus Ihren Lippen machen. Natürlich gelten volle Lippen als attraktiv, doch mit allerlei Tricks können auch schmale Lippen – wie meine – fast verdoppelt werden.

Lippenstift können Sie nur auf gesunde Lippen auftragen. Vielleicht brauchen diese erst Pflege, bevor Sie zum roten Lippenstift greifen. Dehnen Sie Ihr wöchentliches Peeling auf Ihre Lippen aus, und verwenden Sie dazu einen Waschhandschuh oder eine weiche Zahnbürste. Wenn Sie Zeit haben, reiben Sie sie mit Vaseline ein.

Farbwahl

Sie benötigen lediglich zwei bis drei Lippenstifte, die zu allem passen. Hinzu kommen ein Konturenstift und Gloss, und Sie sind für alles gerüstet: fürs Tennisspiel oder das Verkaufsgespäch und selbst für eine durchtanzte Nacht.

Eine Frau braucht abgestimmt auf ihr Colorit einen neutralen Lippenstift, einen in Pink und einen roten.

Als neutralen wählen Sie einen Farbton in Terracotta (warm) oder Pflaume (kühl). Nur eine dieser Farben sollte zu Ihrer gesamten Garderobe passen. Sobald Sie jedoch Pink oder Rot tragen, sollten Sie Ihren Lippenstift direkter darauf abstimmen. Wenn Sie warme und kühle Lippenstiftfarben gleichermaßen benutzen, wirken diese zu Ihrer Garderobe reichlich konfus. Dann wird es Zeit, daß Sie eine Farbberatung buchen.

Warme Pinktöne sind Korallenrot, Pfirsich oder Lachs, während Rosa, Preiselbeere oder kräftiges Pink kühle Töne sind. Wenn Sie ein Oberteil, Kleid, Schal oder Bluse in Pink tragen, stimmen Sie Ihren Lippenstift darauf ab. Der Unterton muß der gleiche sein: warm oder kühl.

Nehmen Sie sich Zeit, um die richtigen Rottöne für sich zu finden. Alle Frauen sollten rote Kleidungsstücke in ihrer Garderobe haben; das zeugt von Selbstvertrauen und Pfiff. Ihr „richtiges“ Rot ist entweder ein Orangerot, ein kühles Blaurot oder ein echtes Scharlachrot. Wenn ein roter Lippenstift zu grell an Ihnen wirkt, tragen Sie zuerst eine neutrale Grundlage auf und dann etwas vom roten Lippenstift.

Lippenkonturenstift

Mit dem Konturenstift können Sie ungleichmäßige Lippen korrigieren, dünne Lippen voller und volle Lippen schmaler aussehen lassen. Wenn Sie einen Konturenstift benutzen, franst der Lippenstift an den Rändern nicht aus und hält zudem länger, wenn Sie erst die Lippen mit dem Stift ausmalen und dann den Lippenstift auftragen.

Benutzen Sie immer einen gut gespitzten Stift. Versuchen Sie nicht, Ihre Lippenform radikal zu verändern, umrahmen Sie bei dünnen Lippen einfach die natürliche Außenlinie, um sie voller erscheinen zu lassen. Bei vollen Lippen umrahmen Sie die innere Linie der Lippenränder.

LIPPEN-TIPS FÜR MEHR GLANZ

- Hellere glänzendere Farben lassen den Mund größer wirken – dunklere, matte Lippenstifte lassen ihn kleiner erscheinen.
- Perlmuttlippenstifte wirken immer heller und sollten nicht bei faltigen Lippen angewandt werden.
- Stimmen Sie Konturen- und Lippenstift farblich aufeinander ab, um einen dramatischeren Effekt zu erzielen.
- Benutzen Sie einen Lippenpinsel, um den Lippenstift exakter auftragen zu können.
- Tragen Sie eine Lip-Base unter dem Lippenstift auf, damit dieser länger hält. Oder pudern Sie Ihre Lippen.
- Wenn Sie die Lippen geschminkt haben, drücken Sie sie gegen ein Kosmetiktüchlein, damit der Lippenstift keine Spuren auf Gläsern und Tassen hinterläßt.
- Entfernen Sie mit dem Finger überschüssigen Lippenstift auf der Innenseite der Lippen, damit er nicht auf den Zähnen haften bleibt.

Lippenstiftfarben für den Abend

Tragen Sie abends einen kräftigeren Lippenstift, und geben Sie einen Hauch Gloss oder glänzenden Lidschatten in die Lippenmitte. Vermeiden Sie Küsse!

Zum Schluß führen Sie der Haut Feuchtigkeit von außen und von innen zu. Ein Spritzer Mineralwasser über dem Make-up verleiht Ihnen Frische. Berühren Sie Ihr Gesicht aber nicht, bevor das Wasser verdunstet ist.

Sonnen ohne Probleme

Seit Jahren schärft man uns ein, wie gefährlich die Sonne sei. Tatsache ist: Der Hautkrebs infolge zu intensiver Sonnenbäder nimmt drastisch zu. Sogar Kinder können präkanzeröse Zellen (Hautwarzen) entwickeln, wenn sie ohne Sonnenschutz in die Sonne gehen. Wenn Sie nicht den richtigen Lichtschutzfaktor (LSF) benutzen, altert Ihre Haut schneller, zeigt Falten und Pigmentflecken.

Doch viele Frauen wollen unbedingt braun sein – nicht wie eine vertrocknete Lederhaut, sondern „sonnengeküßt", um einfach gesünder auszusehen. Zum Glück gibt es heute hervorragende Kosmetikprodukte und Bräunungscremes, die Ihnen diese Wirkung veschaffen, ohne Ihre Haut zu schädigen.

Bräunungspuder

Nichts sieht schlimmer aus als eine zu dunkle Grundierung, die eine Sonnenbräune vortäuschen soll. Stäuben Sie statt dessen einen leichten Bräunungspuder über Ihr Make-up, je weniger, desto größer der Effekt.

Selbstbräuner

In den letzten zehn Jahren sind Selbstbräuner sehr beliebt geworden. Es lohnt sich ein Versuch, wenn Sie Ihre Winterblässe vertreiben wollen. Doch sie sind nicht als Sonnenschutz geeignet, da sie keinen LSF beinhalten.

Auch wenn Sie diese Cremes selber auftragen können, ist es gut, wenn Ihnen jemand hilft, zum Beispiel an schwer erreichbaren Stellen wie dem Rücken. Die gewünschte Wirkung erfordert allerdings drei bis vier Stunden Geduld.

TIPS FÜR SELBSTBRÄUNER

24 Stunden im voraus: Entfernen Sie die Haare an den Beinen mit dem Rasierer oder mit Wachs. Dann tragen Sie den Selbstbräuner über Nacht zunächst auf Ihrem Schenkel auf, um die Farbe zu testen.

Kurz zuvor: Bürsten Sie Ihren Körper mit einem Luffaschwamm oder speziellen Handschuhen ab, um trockene und abgestorbene Hautzellen zu entfernen. Achten Sie besonders auf Knie, Knöchel, Ellbogen etc. und Ihren Rücken.

Tragen Sie alte Kleider, da der Selbstbräuner alles verfärbt. Setzen Sie sich auf ein altes Handtuch, bis die Creme trocken ist. Legen Sie Ihren Schmuck ab.

Anwendung: Tragen Sie den Bräuner dünn und gleichmäßig auf. Haben Sie zuviel genommen, wischen Sie ihn schnell wieder ab.

Nach dem Auftragen müssen Sie sofort die Hände waschen, da sie sich verfärben. Vergessen Sie aber nicht, Ihren Handrücken mit Selbstbräuner einzureiben. Halten Sie sich an die Gebrauchsanweisung, das heißt, warten Sie, bis die Bräunung abgeschlossen ist. Eventuell können Sie noch eine Schicht auftragen. Bitte kein drittes Mal!

Sonnenanbeter sollten es nicht übertreiben! Ein abschreckendes Beispiel für zuviel UVB- und UVA-Strahlen ist die einst so schöne Brigitte Bardot, die heute eine Lederhaut hat. Viele ihrer Altersgenossinnen, die weniger Zeit in der Sonne verbrachten, sehen zehn bis zwanzig Jahre jünger aus als sie.

Immerhin kann man heute die strahlengeschädigte Haut durch Dermabrasion oder Laser behandeln. Dabei wird die Oberschicht abgetragen, damit sich darunter neue, zartere Haut bilden kann. Doch dieses Verfahren ist teuer und schmerzhaft. Ersparen Sie sich das, und verwenden Sie das ganze Jahr Sonnenschutzcremes.

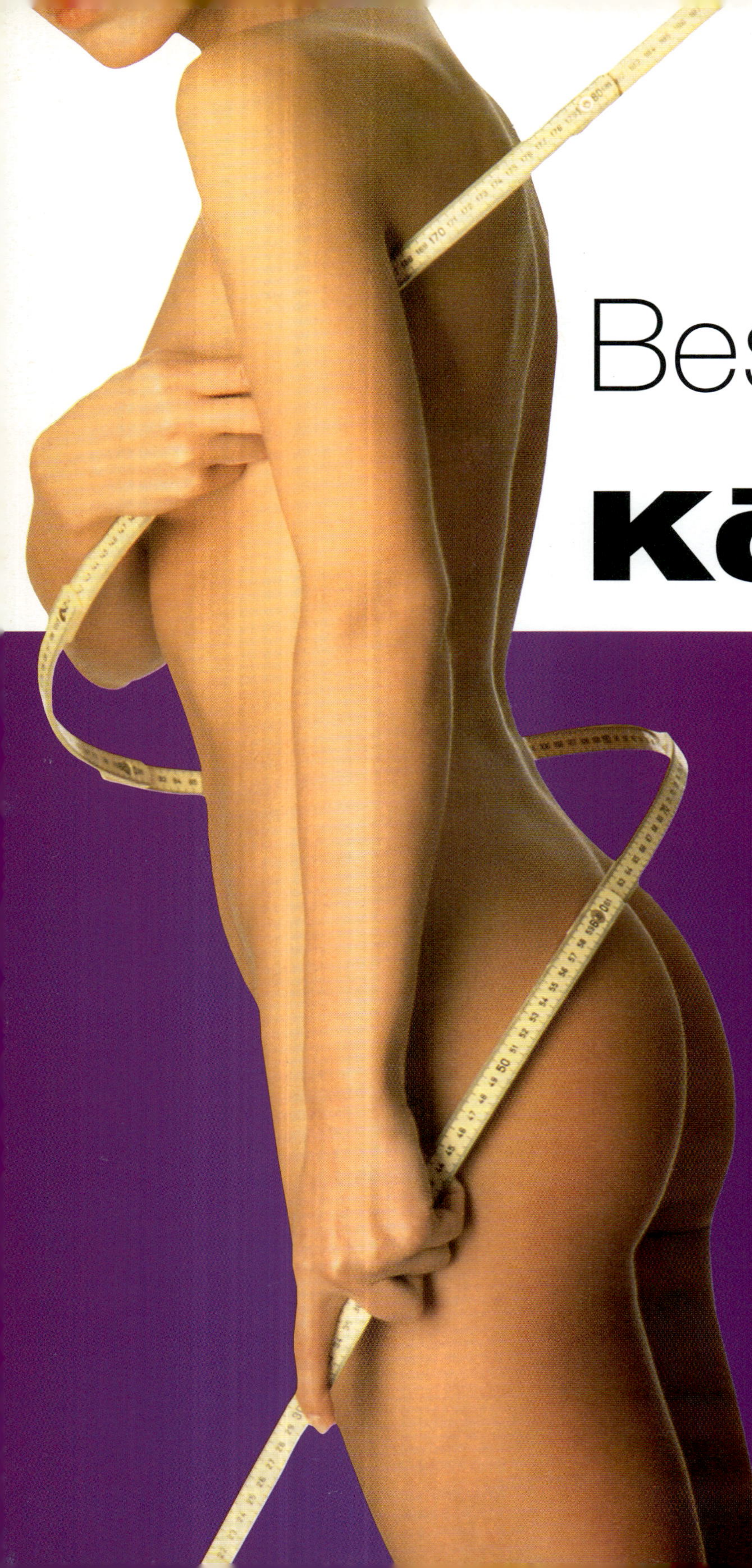

Besseres **Körper**

bewußtsein

Wenn es darum geht, zu entscheiden, was Ihnen steht, sind Sie in vielerlei Hinsicht bereits Experte. Im Lauf der Jahre haben Sie verschiedene Stilarten, Stoffe und Designs ausprobiert, und Ihre Garderobe enthält Kleidungsstücke, die Ihnen stehen, und solche, die unvorteilhaft für Sie sind.

Auch wenn es einige todsichere Kleidungsstücke für Sie gibt, ist es immer wieder verwirrend, neue Looks auszuprobieren. Deshalb müssen Sie folgende drei Faktoren berücksichtigen: Ihre Körperform, Ihre körperlichen Proportionen und Ihr Gewicht.

Alles liegt in den Genen

Sie können wenig und doch viel für Ihre Figur tun. Zuerst zur genetischen Anlage: Einige grundlegende Dinge wie Ihren Knochenbau, Ihre körperlichen Proportionen, Größe und Gewichtskonditionierung haben Sie geerbt.

Mit Sport und gesunder Ernährung können Sie Ihr Gewicht und Ihre Figur regulieren, doch an Ihrem Knochenbau, Ihren Proportionen und Ihrer Größe können Sie nichts ändern. Deshalb müssen Sie darauf achten, daß dies durch Ihre Kleidung Berücksichtigung findet.

Je nachdem, wie Sie mit Sport und entsprechender Ernährung Ihre Figur beeinflussen, eröffnen sich Ihnen neue Horizonte. Zum Beispiel hat die „birnenförmige" Frau, die keinen Sport treibt, das Gefühl, daß sie keinen schmalgeschnittenen Rock tragen kann. Doch diejenige, die Sport treibt und auf ihre Ernährung achtet, hat ganz andere Möglichkeiten. Sie kann auch in schmalgeschnittenen Kleidern großartig aussehen.

Image-Beraterinnen betrachten einen Körper auf ähnliche Art wie die Ärzte und Ernährungsberater, wenn sie abschätzen, wie es zur Gewichtszunahme kommt und an welchen Stellen. Wenn wir unseren Hormonhaushalt und unsere gynäkologische Endokrinologie beobachten, verstehen wir, wie unser Stoffwechsel funktioniert und wissen, wie wir unseren Körper fit halten können.

Es gibt nicht nur einen Sport oder eine Ernährung, die für alle gut ist. Sie müssen herausfinden, wie Sie an Gewicht zunehmen und was Sie tun müssen, um Ihren Stoffwechsel zu aktivieren, um die bestmögliche Figur zu bekommen.

Ihre genetisch bedingte Figur benötigt eine individuell ausgewogene Zufuhr von Vitaminen, Mineralien, Fetten, Proteinen und Kohlehydraten, um den Stoffwechsel anzuregen.

Natürlich gibt es einige allgemeine Grundregeln der gesunden Ernährung, die in diesem Kapitel behandelt werden. Doch die Effizienz Ihres Stoffwechsels – das Ausmaß, in dem Sie persönlich Nahrung in Energie umsetzen oder Kalorien verbrennen – ist der Schlüssel, um das Gewicht zu halten oder überflüssige Pfunde zu verlieren.

Eine Frau, deren Körper Flüssigkeit staut und aufgedunsen aussieht, benötigt Nahrung, Kräuter und Zusätze, die ihr Lymphsystem entwässern und ihren Kreislauf anregen. Frauen mit birnenförmiger Figur sollten ein leichtes Frühstück und Mittagessen zu sich nehmen und ein herzhaftes Abendessen genießen, denn zu diesen Zeiten arbeitet ihr Stoffwechsel am aktivsten.

Frauen mit gerader Figur (das heißt keiner betonten Taille und einem relativ flachen Bauch) sollten bei jeder Mahlzeit Proteine zu sich nehmen, da sie ihre Adrenalindrüsen anregen müssen, um ihren Stoffwechsel zu regulieren.

Wenn Ihr Gewicht schwankt oder trotz Ihrer Bemühungen, richtig und mäßig zu essen und auf Junk-food und Süßigkeiten zu verzichten, immer gleich bleibt, sollten Sie trotzdem auf Diäten verzichten, die Ihnen in wenigen Wochen einen erheblichen Gewichtsverlust verspricht, da sie eventuell keinerlei Wirkung auf Ihren Stoffwechsel haben.

Suchen Sie lieber einen Ernährungsberater auf, der einen speziell auf Sie abgestimmten Diätplan erstellt.

Eine neue Perspektive

MARIE-LOUISE

Marie-Louise hat das gleiche Problem wie Millionen anderer Frauen. Vor zehn bis fünfzehn Jahren hatte sie eine ganz andere Figur, aber auch keinen solch gedrängten Terminkalender wie heute: Leiterin einer großen Abteilung einer internationalen Werbeagentur, Mutter von Kleinkindern und Managerin von zwei Haushalten.

Sie weiß, daß sie sich falsch ernährt, zur falschen Zeit ißt und mehr Sport treiben sollte. Doch in gestreßten Phasen kann man fast nicht anders. Auch wenn man lieber ein Seminar abhalten, mit den Kindern spielen oder mit dem Ehemann eine gute Flasche Wein trinken würde.

Marie-Louises Grundfigur bleibt immer gleich – eher gerade, Schultern und Hüften fast gleich breit und eine nicht mehr sehr stark betonte Taille. Sie weiß, daß sie in bezug auf ihre Figur jetzt umdenken muß. Sie wählte immer Kleider von guter Qualität und in der richtigen Größe, doch nun benötigt sie einen anderen Schnitt und andere Stoffe.

DAS ERGEBNIS Heute gibt es viele Möglichkeiten, Frauen schlanker und modischer aussehen zu lassen, ja blendend sogar. Diese neuen „Klassiker“ sind weniger strukturiert, passen sich mehr dem Lebensstil von Frauen an, die ein gestreßtes Leben führen.

Marie-Louise könnte dieses Outfit im Büro tragen; sie wirkt darin sowohl auf ihr Team als auch auf ihre Kunden progressiv.

Machen Sie es wie Marie-Louise. Gehen Sie mit einer Image-Beraterin zum Einkaufen, und probieren Sie Kleidungsstücke aus, an die Sie zuvor nie gedacht hätten. Marie-Louise kaufte dieses aufregende Outfit und sagt, sie fühle sich darin sehr wohl und freut sich über ihre Verwandlung.

Die Körperform

Manche Ärzte teilen weibliche Körperformen wie folgt ein: ektomorph, das heißt lang und schlank; endomorph, kurvenreich – das betrifft vor allem Leute, die von sich behaupten, beim bloßen Anblick von Essen zuzunehmen – und mesomorph, das ist der sportliche Typ, der viel Sport treibt und fit bleibt. Die Anhänger von Dr. Sandra Cabot, Autorin von Fitneß- und Gesundheitsthemen, definieren die Körperformen nach der dominierenden Drüse: die lymphathischen sind rundum mollig; die androiden haben eine knabenhafte, athletische Figur; die gynecoiden sind birnenförmig, und die thyroiden haben eine lange, schlanke Figur und neigen zu Eßstörungen.

Diese medizinischen Beschreibungen können begreiflich machen, wie und weshalb wir Gewicht zulegen und behalten, aber sie können nicht erklären, weshalb ein bestimmter Kleiderstil schmeichelt. An dieser Stelle beginnt unsere Aufgabe. Wir berücksichtigen die Merkmale verschiedener weiblicher Formen und unterteilen sie zuerst als gerade oder kurvige Silhouetten, betrachten die Figur von vorn und von der Seite.

Vielleicht haben Sie nicht Ihr Idealgewicht oder nicht die gewünschte Fitneß (wir beschäftigen uns später damit), doch betrachten wir uns zuerst Ihre Körperform. Stellen Sie sich vor einen Spiegel, und betrachten Sie Ihre Silhouette von vorn und von der Seite.

Gerade

Sie gehören zu diesem Typ, wenn Sie von vorn folgendes sehen:

- Gerade, viereckige Schultern
- Keine erkennbare Taille
- Breite Rippen
- Schmalere Hüften oder Hüften ungefähr so breit wie die Schultern
- Flache Schenkel

und von der Seite sehen Sie:

- Flachen oder leicht vorstehenden Bauch
- Flaches Gesäß
- Etwas oder leichtes Hohlkreuz

Kurvig

Sie sind ein kurviger Typ, wenn Sie von vorn sehen:

- Runde Schultern
- Betonte Taille
- Geschwungene Hüften
- Runde Schenkel

und von der Seite sehen Sie:

- Betonte Taille und rundlichen Leib
- Rundes Gesäß
- Deutliches Hohlkreuz

Die gerade Silhouette

Sie können eine gerade Silhouette mit Untergewicht, Idealgewicht oder Übergewicht besitzen. Sie müssen nur darauf achten, was Sie bei Ihrer Kleidung beachten und was Sie vermeiden sollten. Darauf stimmen Sie Ihren Look gemäß Ihrer körperlichen Proportionen und Ihres Gewichts ab. Beachten Sie folgendes: Sie müssen Ihre Persönlichkeit und den neuesten Modetrend in Betracht ziehen, wenn Sie Kleidungsstücke kombinieren. Ihre Kleidung sollte schlicht geschnitten sein, nicht verspielt. Geben Sie dem Ganzen Pfiff durch Ihre Farbkombinationen und Accessoires.

TIPS FÜR GERADE KÖRPERFORMEN

Wählen Sie lange Oberteile und eine geschickte Grundgarderobe, und beachten Sie bei Ihrer Kleiderauswahl folgendes:

- Betonte Schultern
- Überspielung der Taille
- Wenig Falten, Abnäher und dergleichen
- Fester gewebte, gute Stoffe
- Plisseefalten
- Nach Maß gefertigte Designs
- Wenig Struktur
- Klar umrissene Details
- Klassischer Herrenschnitt

Beim geraden Typ gibt es viele Variationen. Blicken Sie in den Spiegel, erkennen Sie dann eine der folgenden Körperformen?

Die gerade Körperform

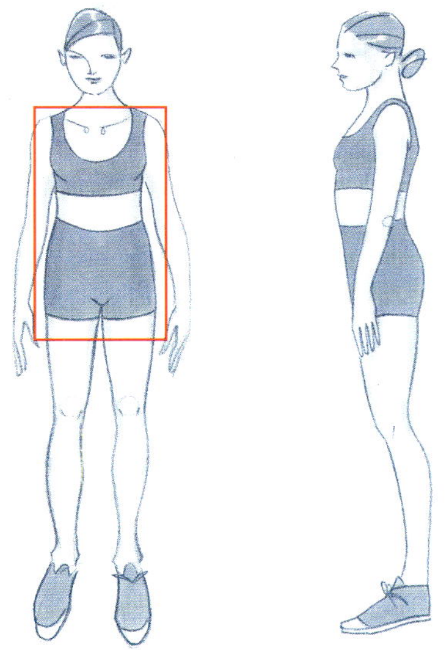

Das umgedrehte Dreieck

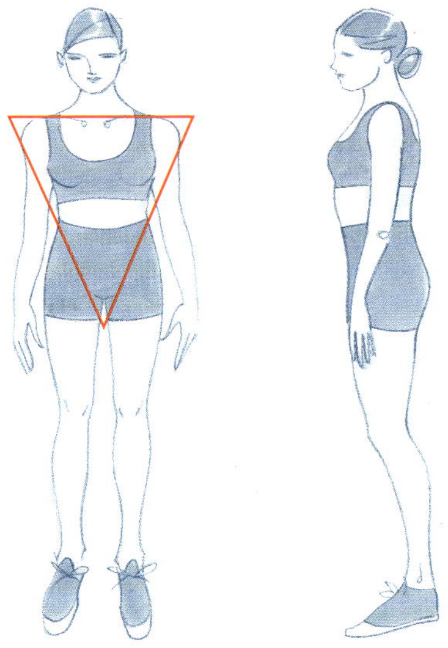

Das Rechteck

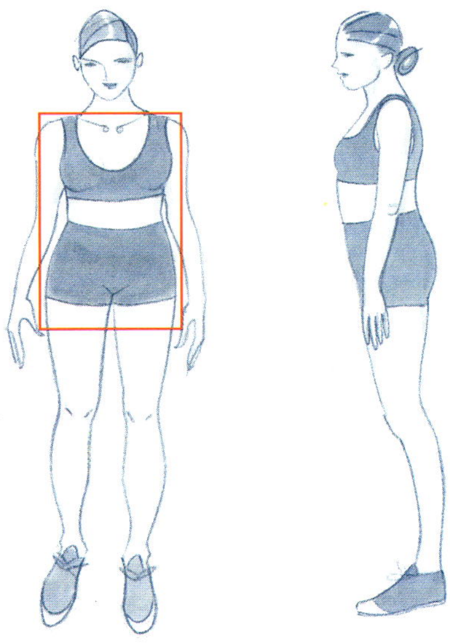

Der Apfel

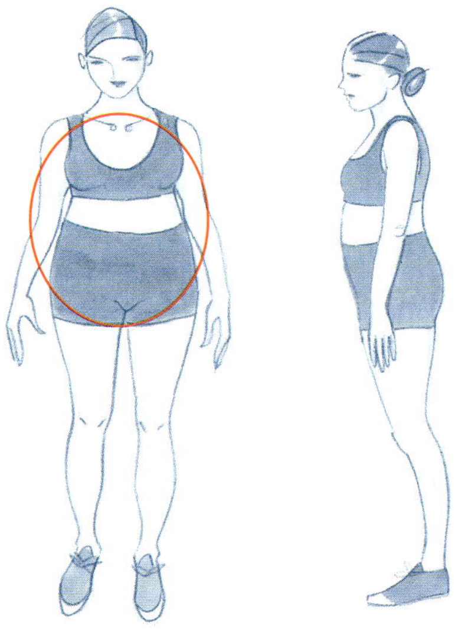

Die gerade Körperform

Kate Moss, Twiggy, Liz McColgin

Eine schlanke, gerade Körperform ist wunderbar, wenn Sie sie vorteilhaft unterstreichen. Figurenge Designs können toll aussehen, wenn Sie das wollen. Tragen Sie aber auch den Lagenlook, das läßt Sie kurviger erscheinen, wenn Sie das wünschen.

Um femininer auszusehen, tragen Sie einen BH mit Einlage und Strick und Jersey. Starf umrissene Jacken stehen Ihnen sehr gut. Der Blazerschnitt ist nur für Sie entwickelt worden. Um einen dramatischen Effekt zu erzielen, kleiden Sie sich einfarbig oder alles Ton in Ton.

Um das Gegenteil zu erreichen und Ihre lange Silhouette kürzer erscheinen zu lassen, mischen Sie Muster, Stoffe und Farben hauptsächlich im Oberkörperbereich. Ihre Jacken sollten bis zur Hüfte reichen oder eher länger sein.

Das umgekehrte Dreieck

Jamie Lee Curtis, Jennifer Saunders, Brigitte Nielsen

Ihre breiten Schultern sind großartig, doch wenn Sie diese Wirkung abschwächen wollen, dann verzichten Sie auf Polster. Zu kleine Oberteile und Jacken lassen Ihre Schultern nur noch breiter erscheinen.

Ihre schmalen Hüften werden von allen beneidet, also darf man sie sehen. Überweite Jeans sind verpönt für Sie – tragen Sie lieber klassische schlanke Schnitte. Enge Hosen und Röcke sind nicht zwangsläufig unbequem. Wählen Sie gute Paßformen und zeigen Sie, was Sie haben.

Bei großer Oberweite vermeiden Sie hier Details an Ihren Blusen und Jacken. Kurze Ärmel, die am Ellbogen enden, sind vorteilhaft. Sie können es sich auch leisten, ärmellos zu gehen.

Das Rechteck

Zoë Ball, Diane Keaton, Tara Palmer-Tomkinson

Wenn Sie die richtige Kleidung tragen, kann Ihre Figur sehr sexy aussehen. Überlegen Sie, was Sie betonen wollen, und vermindern Sie die Details an anderen Stellen. Wenn Sie tolle Beine haben, können sie kurze Röcke tragen, aufreizende Strümpfe und schicke Schuhe.

Haben Sie einen kurzen Hals, dann tragen Sie einen V-Ausschnitt, der Ihren Hals länger wirken läßt. Haben Sie einen langen Hals, schmücken Sie ihn mit einer aufregenden Kette oder einem Tuch.

Wenn Sie eine kurze Taille haben, tragen Sie den Gürtel locker über den Hüften (besonders, wenn Ihre Beine durchschnittlich bis lang sind).

Leicht körperbetonte Jacken sind ideal, auch längere Strickjacken. Beachten Sie bei den Knöpfen, daß sich der Hauptknopf nicht gerade an Ihrer breitesten Stelle befindet (oberhalb oder unterhalb wäre besser).

Der Apfel

Roseanne, Dawn French, Ruby Wax

Sie haben etwas Übergewicht, wissen aber, daß Sie eine rechteckige Körperform besitzen. Für Sie gelten die gleichen Tips wie für die gerade Körperform, doch wählen Sie weichere Stoffe. Elastische Taillen sind bei Ihrer Figur obligatorisch. Wählen Sie Hosen und Röcke in weichen Stoffen, keine steifen wie Denim, Gabardine und Rohseide. Die Stoffe sollen nicht zu voluminös sein, doch bequem.

Wenn Ihre Taille die Breite der Oberweite erreicht, wählen Sie lose Oberteile, damit Sie nicht matronenhaft aussehen. Tragen Sie Blusen über Röcken und Hosen, um die Illusion eines längeren schlankeren Oberteils zu erwecken.

Die kurvige Silhouette

Sie sollten zeigen, was Sie haben, indem Sie schmeichelhafte Designs und Stoffe tragen. Wenn Sie die falschen Stoffe und den falschen Schnitt wählen, sehen Sie nicht mehr sexy, sondern korpulent aus.

Berücksichtigen Sie beim Garderobenkauf Ihre Kurven, doch lassen Sie sich nicht davon abhalten, dennoch Ihre Persönlichkeit und die neueste Mode miteinander zu verbinden. Wenn Sie Ihr Körper stört und Sie die Aufmerksamkeit davon ablenken wollen, betonen Sie die Accessoires – Schuhe, Schmuck und Tücher. Vergessen Sie nicht, daß Ihr Gesicht im Mittelpunkt der Kommunikation steht. Wenn Ihre Charakteristika nicht durch Ihr Make-up oder Ihr Haar betont werden, konzentrieren wir uns auf Ihren Körper. Wenn Sie wünschen, daß wir Ihre schönen Augen, Ihre Haut und Ihr Lächeln bewundern sollen, dann konzentrieren Sie sich darauf und bringen inzwischen Ihre Figur in Form.

TIPS FÜR KURVIGE KÖRPERFORMEN

Weich und einfach sind Ihre Stichworte. Wählen Sie Kleider mit folgenden Eigenschaften:

- Einfacher Schnitt
- Weiche Stoffe
- Ein Stil, der Ihre Taille betont
- Abgerundete Schultern mit leichten Polstern
- Abgerundete Details wie Schalkragen, keine spitzen Reversformen
- Weiche Kräuselungen und ungebügelte Falten an der Taille
- Schmale (nicht enge) Hosen
- Weiche Röcke aus weichem Material

Auch hier gibt es Variationen. Blicken Sie in den Spiegel, und überlegen Sie, welche dieser dominierenden Formen Ihnen am meisten entspricht.

DIE ECKIGERE SANDUHRFORM

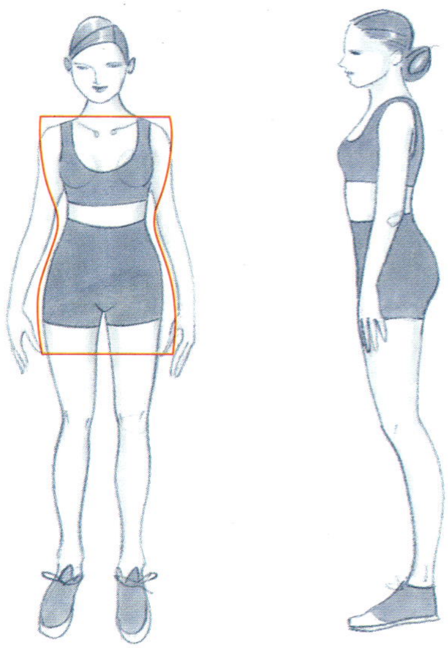

DIE RUNDERE SANDUHRFORM

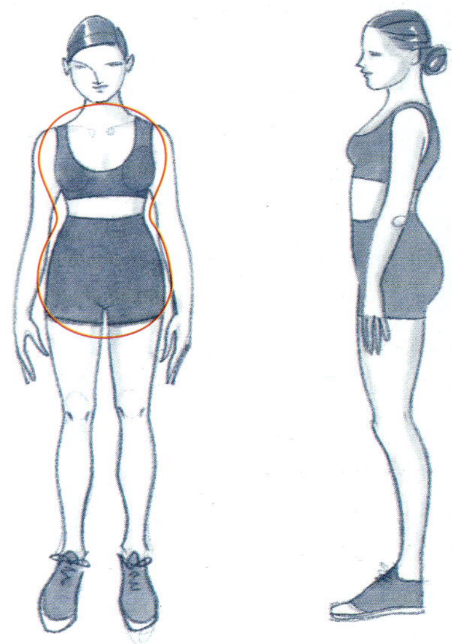

DIE BIRNENFORM

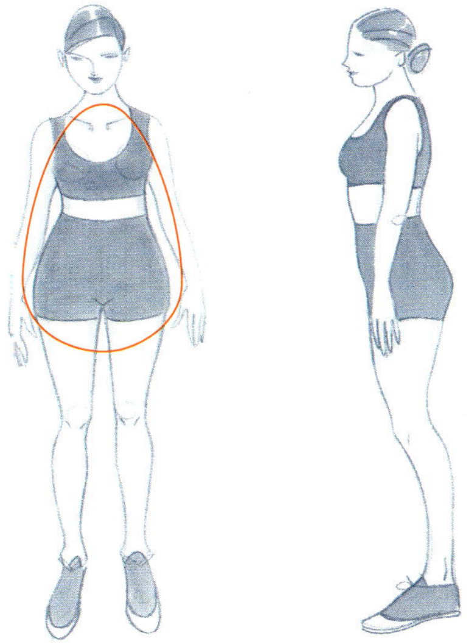

DIE RAUTENFORM

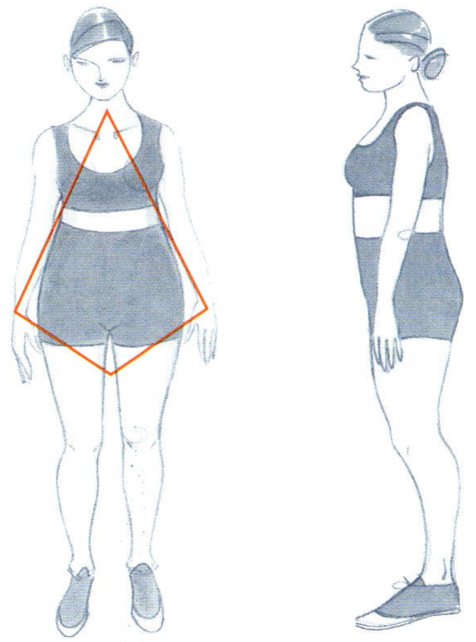

Die eckigere Sanduhrform/Rundere Sanduhrform

Cindy Crawford, Goldie Hawn, Liz Hurley; Marilyn Monroe, Elizabeth Taylor, Oprah Winfrey

Es gibt zwei Versionen der Sanduhrform: Die eine ist schlanker und schmaler, und die andere gerundeter. Beide wollen ihre Kurven zeigen, doch die schmalere Version kann eher enganliegende Designs tragen als die andere.

Die eckigere Sanduhrform kann steife Stoffe (wie Denim) tragen, doch der Schnitt der Kleidung darf nicht zu steif sein. Ihre Stoffe müssen ihre Kurven sanft betonen. Auch wenn sie im allgemeinen schlank ist, möchte sie die Hüften und Schenkel kaschieren, da sie hier ihre Rundungen hat. Der Schnitt kann gerade sein, doch das Material des Stoffes muß „nachgeben". Also wählen Sie Lycra, Strick oder Jersey.

Beide Versionen müssen ihre Taille zeigen, also müssen die Kleider und Jacken tailliert sein. Wenn Sie eine gerade Jacke tragen, tragen Sie sie offen mit einem Body darunter, um die gewünschte Betonung zu erhalten. Steife Baumwolle, Leinen oder Denim-Tops sind ungünstig.

Die rundere Sanduhrform möchte alles drapiert und weich. Sie können gerade geschnittene Kleider tragen, doch Sie sehen besser aus, wenn das Material weich ist (Seide, Jersey oder Strick) und die Taille durch einen Gürtel betont wird (ein weicher Ledergürtel oder ein Kettengürtel eignen sich besser als ein steifer Ledergürtel mit einer harten Schnalle). Twinsets stehen Ihnen hervorragend, aber keine auftragenden Strickjacken. Kaufen Sie sich modisch geschnittene Hosen und Jeans, die Ihre weibliche Figur betonen, doch bequem sind. Denim-Jeans sind zu steif. Nehmen Sie lieber eine aus jeansähnlichem, weichem Stoff (Tencel).

Die Birnenform

Winona Ryder, Hillary Clinton, Whoopi Goldberg

Der obere Teil Ihres Körpers ist schmaler als der untere. Sie nehmen zuerst an den Hüften und Schenkeln zu, doch wenn Sie abnehmen, dann zuerst obenherum.

Im Lauf der Jahre haben Sie allerlei Tricks gelernt, um Ihre Figur auszugleichen, das heißt, damit Ihr Körper oben und unten gleich breit wirkt. Auf keinen Fall dürfen Sie zu enge Kleidung tragen. Lose Jacken und Blusen erwecken die Illusion, daß Sie oben voller sind.

Ab den Hüften abwärts brauchen Sie einen schlichten Schnitt mit Falten und Abnähern, um den Übergang zwischen Taille und Hüften zu überspielen. Gerade geschnittene Röcke lassen Ihre Figur schmaler erscheinen. Ihre Röcke und Hosen sollten unauffällige Farben haben und matte Stoffe ohne Muster, um die Aufmerksamkeit auf den Oberkörper zu lenken.

Die Rautenform

Diese Körperform mit Übergewicht, kleiner Statur (oft auch kurzen Beinen) hat ihr Gewicht überall verteilt. Das Gewichtsproblem beeinträchtigt die Gesundheit und Lebensfreude. Doch mit guter Beratung können Sie attraktiv aussehen.

Es ist sinnlos, darüber zu spekulieren, welche Figur eine Frau haben würde, wenn sie an Gewicht verlöre. Ein Übergewicht von 25 Kilo und mehr verdeckt alles, was darunter ist.

Sie müssen jetzt Kleider finden, die Ihnen passen und trotzdem gut aussehen. Nehmen Sie fließende Materialien, überspielen Sie die Taille. Bei Frauen mit Durchschnittsgröße oder großen Frauen sind lange Tops und Jacken ideal. Wenn Sie klein sind, wirken Sie mit kürzeren Jacken größer.

Vermeiden Sie Schwarz, vor allem, wenn diese Farbe nicht zu Ihrem Teint paßt. Mittlere bis dunklere Farben machen schlanker. In der Nähe des Gesichts muß jedoch eine tolle Farbe Aufmerksamkeit erregen. Gewöhnlich ist Ihr Hals auch breit, tragen Sie deshalb keine hohen Kragen. Sie sehen schlanker aus, wenn Sie einen V-Ausschnitt tragen (keine Ketten). Knöpfen Sie bei Hemdblusen die zwei obersten Knöpfe auf, oder stellen Sie den Hinterkragen hoch, während er vorne flach aufliegt.

Körper-proportionen

Außer unserer Figur haben wir noch weitere kleine Schwachstellen, die Beratung erfordern und harmonische Abstimmung.

Studieren Sie folgende Liste, und streichen Sie alles an, was auf Sie zutrifft.

Langer Hals	Langer Oberkörper, lange Taille	Dünne Schenkel
Kurzer Hals	Kurzer Oberkörper, kurze Taille	Kräftige Schenkel
Dünner Hals	Schmale Taille	Lange Oberschenkel
Dicker Hals	Breite Taille	Kurze Oberschenkel
Breite Schultern	Dünne Arme	Lange Unterschenkel
Schmale, abfallende Schultern	Dicke Arme	Kurze Unterschenkel
Kleine Brust	Flaches Gesäß	Häßliche Knie
Volle Brust	Rundes Gesäß	Dicke Knöchel

Hals

Langer (und/oder dünner) Hals:

- Wenn Sie Ihr langer Hals stört, dann tragen Sie Ihr Haar halblang. Nehmen Sie Tücher und Rollkragenpullover, um den Hals kürzer erscheinen zu lassen.
- Wenn Ihr Hals dünn und lang ist, tragen Sie ebenfalls einen Rollkragenpullover oder einen Krawattenschal in Ihrer Bluse.
- Stehkragen an Jacken sind besonders günstig.

Kurzer (und/oder dicker) Hals:

- Tragen Sie immer einen Ausschnitt.
- Ein V-Ausschnitt erweckt die Illusion eines längeren, schlankeren Halses.
- Tragen Sie eine dünne Kette; längere Ketten machen noch schlanker und strecken.
- Tragen Sie die Kragen hinten hochgestellt.
- Langschals sind besser als viereckige Tücher.
- Kragenlose Jacken sind ideal.

Schultern

Breite Schultern

- Weiche Schnitte sind besser als Jacken mit eingesetzten Ärmeln und betonten gepolsterten Schultern.
- Jacken mit schmaleren Revers lassen die Schultern schmaler wirken.
- Raglanärmel mildern die Breite.
- V-Ausschnitte und offene Kragen sind vorteilhafter als hochgeschlossene Versionen.
- Für Abendgarderobe und Badeanzüge eignen sich Nackenträger.
- Haben Sie einen langen Hals, dann tragen Sie einen Vatermörder, um die Aufmerksamkeit von den Schultern abzulenken.

Schmale/abfallende Schultern:

- Vermeiden Sie enganliegende Tops.
- Tragen Sie lockere Oberbekleidung, zum Beispiel ein loses Hemd über einem Body.
- Tragen Sie, wenn es geht, Schulterpolster. Versuchen Sie verschiedene Stilarten, um die richtige Betonung Ihres Gesamteindrucks zu erzielen. Passen Sie Ihre Schulterpolster den Modetrends an.
- Horizontale Wirkungen schaffen die Illusion der Breite, zum Beispiel ein Tuch über den Schultern, Schulterriegel an Jacken und Kleidern, Streifen in Tops und breite Ausschnitte.
- Schulter-Details in Form von Falten oder Abnähern sind vorteilhaft.
- Tragen Sie bei Ihrer Abendgarderobe und bei Badeanzügen breite Träger, die vom Schlüsselbein bis zum Schulterknochen reichen.
- Tragen Sie Broschen und Anstecknadeln außerhalb des Revers.

Busen

Kleiner Busen:

- Tragen Sie einen guten Büstenhalter (keine Sportbüstenhalter, lieber leicht gefütterte).
- Lockere Tops lassen Sie größer wirken.
- Tragen Sie T-Shirts unter Hemden und darüber eine Jacke.
- Tragen Sie Schals in Ihren Blusen.
- Kurze Ärmel verbreitern die Oberweite.
- Wählen Sie Muster in Ihren Blusen und Jacken.
- Nehmen Sie Jacken und Blusen mit Taschen.
- Jede Brust wird durch Kleidung im Empire-Stil betont.
- Tragen Sie abends Seide, Rohseide und dergleichen steifere Stoffe.

Großer Busen:

- Ausschnitte sind optimal.
- Wählen Sie weiche Stoffe bei Blusen.
- Ihre Tops sollten nie zu eng sein.
- Blusen und Jacken sollten schlicht sei.
- Matte, schlichte Stoffe sind eleganter.
- Ketten und Tücher sollten über der üppigsten Stelle der Brust enden.
- Vermeiden Sie eine eingeschnürte Taille.
- Weiche Gürtel bzw. keine Gürtel sind ideal.
- Ein gutsitzender BH ist unumgänglich. Regulieren Sie die Höhe entsprechend.
- Vermeiden Sie Kleidungsstücke, die bauschen.
- Gehen Sie abends entweder ärmellos oder mit langen Ärmeln.

Taillen

Lange Taille/ langer Oberkörper:

- Tragen Sie kurze Jacken oder lange Jacken mit kurzen Röcken.
- Betonen Sie die Taille mit Gürteln und sonstigen Details.
- Röcke und Hosen mit hoher Taille sind sehr vorteilhaft.
- Tragen Sie farbige und gemusterte Tops (Blusen, Jacken) und neutrale Röcke und Hosen.
- Wählen Sie den Empire-Stil.

Kurze Taille/ kurzer Oberkörper:

- Tragen Sie langgeschnittene Jacken und Blusen.
- Tragen Sie leicht anliegende Jacken und Kleider, keine Gürtel.
- Wählen Sie schmale Gürtel, die locker über die Hüften geschlungen werden und nicht eng anliegen.
- Langschals machen Ihren Oberkörper länger.
- Tragen Sie verschiedene Tops über einem Body.
- Tragen Sie Blusen außerhalb Ihres Rock-/ Hosenbündchens.

Schmale Taille:

- Unterstreichen Sie sie mit Gürteln und passenden Designs.
- Wenn sie zu schmal ist, dann versuchen Sie, mehrere Oberteile zu tragen, um den Oberkörper voluminöser wirken zu lassen.
- Offen getragene Westen wirken fülliger, lassen Sie weniger mager ausssehen, zeigen Ihre beneidenswerte Taille.

Breite Taille:

- Jacken mit einer Knopfreihe machen schlanker als Doppelreiher.
- Wenn Ihre Taille breiter wirkt als Ihre Oberweite oder Ihre Hüften, kaschieren Sie sie, tragen Sie lange Tops, lose Jacken und schlichte Kleider.
- Wenn nur Ihre Taille breit ist, tragen Sie dünne Gürtel oder solche, die die gleiche Farbe wie Ihre Tops haben.
- Oder tragen Sie locker um die Hüften geschlungene Gürtel.
- Vermeiden Sie glänzende oder bauschige Stoffe bei Ihren Oberteilen.
- Langschals vermitteln einen schlankmachenden Effekt.

Arme

Dünne Arme:

- Wählen Sie lockere, aber nicht aufgebauschte Ärmel.
- Tragen Sie zum Beispiel Bodys unter Blusen.
- Gemusterte Jacken und voluminöse Pullover sind ideal.
- Kurze Ärmel, Blusen und Tops mit Taschen lassen Sie voller erscheinen.
- Tragen Sie abends Blusen und Jacken aus festen Stoffen.

Schlaffe Arme:

- Eingesetzte Ärmel und leicht gepolsterte Schultern gleichen zwischen Schultern und breiten Oberarmen aus.
- Vermeiden Sie enganliegende Ärmel.
- Kurze Ärmel sollten unter dem breitesten Punkt enden, kurz über dem Ellbogen.
- Abends sind glatte Ärmel zu empfehlen.
- Wenn Sie ärmellos tragen, schlingen Sie sich eine Stola oder ein Tuch um die Schultern.

Gesäß und Schenkel

Flaches Gesäß und dünne Schenkel:

- Schoßjacken, die sich leicht über den Hüften bauschen, sind ideal für Sie.
- Blusen- und Jackentaschen an den Hüften wirken günstig.
- Röcke mit tiefsitzender Taille sind eine gute Wahl.
- Kombinieren Sie kurze Jacken mit kurzen Röcken aus unterschiedlicher Struktur, zum Beispiel eine neutrale Jacke mit einem gemusterten Rock.
- Versuchen Sie Jacken und Tops, die im Rücken geschlossen werden.
- Tragen Sie lose Westen.

- Wählen Sie bei Röcken und Hosen festes Material (Leder, Kordsamt, Leinen, Strick).
- Faltenröcke stehen Ihnen gut.
- Tragen Sie breite Gürtel locker über den Hüften, am besten über Blusen oder Pullovern.
- Tragen Sie Gesäßtaschen!

Rundes Gesäß und dicke Schenkel:

- Lenken Sie die Aufmerksamkeit auf Ihren Oberkörper, weg vom Gesäß. Tragen Sie lockere Jacken und Tops, Schulterpolster sind obligatorisch.
- Tragen Sie bunte, gemusterte Tops und über dem Gesäß neutrale, matte, dunkle Stoffe.
- Nehmen Sie keine steifen oder bauschigen Stoffe bei Blusen, Röcken oder Hosen.
- Passen Sie Ihre Kleider über Schenkeln, Hüften und Gesäß genau an, und betonen Sie die Taille, falls erforderlich.
- Ihre Jacken und Tops sollten über oder unter der breitesten Stelle an den Hüften enden.
- Verzichten Sie auf Hosen mit Aufschlag zugunsten gerade geschnittener.
- Röcke mit elastischem Bund und unauffälligen Falten sind vorteilhaft.
- Verzichten Sie auf ausgestellte Röcke in A-Linie, wählen Sie lieber lockere Schnitte, zum Beispiel schräg geschnitten, geschlitzt etc.
- Ihre kürzesten Röcke sollten über oder unter dem Knie enden. Wenn Sie einen langen Rock tragen, sollte er bis zur Mitte der Wade reichen und etwas Bein zeigen.
- Abnäher an Röcken und Hosen sind erforderlich, doch vermeiden Sie zuviel Volumen, ein paar Abnäher über den Hüften genügen.
- Ein leichter Absatz streckt Ihre Figur und lenkt ab vom Gesäß.
- Tragen Sie keine engen Jeans oder Hosen. Über Leggings sind lockere Tops zu empfehlen.
- Haben Sie eine hübsche Taille, betonen Sie diese mit gut passenden Jacken und Tops. Doch achten Sie darauf, daß Sie die Hüften nicht zu breit wirken lassen.
- Gute Unterwäsche ist natürlich wunderbar, doch sie sollte nicht zu sehr einschnüren (Hüfthalter), denn das behindert den Kreislauf, macht die Muskeln schlaff und begünstigt das Entstehen von Giften (die gefürchtete Cellulite).

Beine

Lange Oberschenkel

- Tragen Sie Jacken bis zur Hüfte oder länger.
- Vorsicht vor sehr kurzen Röcken und Shorts; das kann skandalös aussehen.
- Sehr helle, glänzende Strümpfe betonen Ihre Beine, wenn Sie das wollen. Matte oder naturfarbene schmeicheln Ihnen ebenso.

Kurze Oberschenkel:

- Tragen Sie die Rocklänge, die Ihnen am besten steht.
- Vermeiden Sie Details bei Ihren Röcken, die die vorhandene Kürze noch mehr verringert.
- Vermeiden Sie tiefangesetzte Taillen und Taschen auf den Hüften.

- Stimmen Sie die Rockfarbe und die Farbe der Strümpfe und Schuhe aufeinander ab, um die Illusion der Länge zu schaffen.
- Ihre Tops und Jacken sollten bis zur Hüfte reichen oder oberhalb des Knies enden, also nicht mitten auf dem Schenkel enden.
- Kurze Jacken und kurze Röcke sind ideal, wenn es Ihre Figur erlaubt. Lange Jacken mit kurzen Röcken sind auch vorteilhaft; kurze Jacken erfordern längere Röcke.
- Ihre Tops sollten farbig und gemustert sein.

Lange Beine:

- Um sie zu betonen, tragen Sie tiefer ausgeschnittene Schuhe.
- Runde oder eckige Schuhformen sehen hübsch aus. Oval geformte Schuhspitzen verlängern das Bein noch mehr.
- Kurze Stiefel und Knöchelbetonungen sind vorteilhaft.
- Der Saum der Röcke darf betont werden; ausgestellte und schräge Schnitte sind günstig.

Kurze Beine:

- Wenn Sie hübsche Beine haben, tragen Sie kurze Röcke.
- Tragen Sie keine weiten Röcke und Hosen, gemäßigte Schnitte sind besser.
- Tragen Sie hohe Absätze und ausgeschnittene Schuhe, keine Stiefel oder Riemchen um die Knöchel.
- Stimmen Sie die Strümpfe farblich auf den Rock und die Schuhe ab.
- Röcke mit Schlitzen erwecken die Illusion längerer Beine.

Knie

Häßliche Knie:

- Halten Sie sie bedeckt.
- Röcke sollten kurz unterhalb der Knie enden.
- Gedeckte bis dunkle Strumpfhosen sind am besten – matt, nicht glänzend oder gemustert.
- Vermeiden Sie Shorts.
- Strecken Sie die Waden, um die Unterschenkel zu betonen.
- Vermeiden Sie plumpe Schuhe und schwere Absätze, und tragen Sie lieber offene Schuhe.

Knöchel

Dicke Knöchel:

- Strümpfe und Rock sollten den gleichen Farbton haben.
- Vermeiden Sie helle, glänzende oder gemusterte Strümpfe.
- Tragen Sie keine Pfennigabsätze, sondern etwas breitere.
- Tragen Sie keine schweren Schuhe, plumpe Absätze, kurze Stiefel und Riemchen um die Knöchel.
- Lange Röcke sollten unten schmaler werden.
- Leggings betonen Ihre Knöchel. Bevorzugen Sie bei Hosen und Jeans klassische Schnitte.

Körpermaßstab

Sie werden bestimmt durch Ihre Größe und Ihre Knochenstruktur. Vielleicht sind Sie feingliedrig, durchschnittlich oder grobknochiger. Wenn Sie mittelgroß bis groß sind und Ihre Statur breit ist, wählen Sie:

- Lose Oberkleidung
- Keine zu dünnen Stoffe (höchstens, wenn Sie mehrere Teile übereinander tragen)
- Mittelgroße bis große Muster
- Mittlere bis große Accessoires
- Längere Längen

Wenn Sie klein sind und Ihre Statur durchschnittlich bis stämmig ist, sollten Sie folgendes tragen:

- Sorgfältig geschneiderte Kleidung
- Eher dünne Stoffe
- Nicht zu viele Farb- und Musterunterbrechungen von oben bis unten
- Keine voluminösen Oberteile
- Nur wenig gemusterte Oberteile
- Durchschnittlich große bis kleine Accessoires

Sport

und Ernährung

Nichts auf der Welt läßt Sie besser aussehen als gute Gesundheit und Fitneß. Egal welche Konfektionsgröße Sie haben, wenn Sie sich richtig ernähren und sportlich betätigen, sehen Sie jünger und attraktiver aus als Ihre schlaffen Artgenossinnen.

Innerhalb von Jahrzehnten wurden aus körperlich aktiven Frauen sitzende Matronen. „Gut", werden Sie einwenden, „ich bestimmt nicht, denn ich bin den ganzen Tag auf den Beinen." Doch das ist nicht wörtlich zu nehmen, denn meistens sind Sie mit dem Auto unterwegs und nicht zu Fuß. Im Haushalt und im Büro trainieren Sie vor allem Ihre Finger und Ihr Gehirn, und Maschinen erledigen den Rest.

Traurige Tatsache ist, daß über die Hälfte der Frauen in den Industrieländern übergewichtig ist. Wir haben heute viel mehr Möglichkeiten als unsere Eltern und Großeltern, uns die Arbeit zu erleichtern und die Freizeit zu genießen, doch auch unsere Ernährung hat sich geändert. Wir essen zu fett, zu süß, zu viel, zu ungesund.

Und wir übertragen unseren Lebensstil und unsere Eßgewohnheiten auf unsere Kinder. Wenn Sie keine rühmliche Ausnahme bilden, fahren Sie Ihre Kinder zur Schule oder zu Freunden, statt sie dreißig Minuten lang zu Fuß gehen zu lassen. Wie oft unternehmen Sie am Wochenende etwas mit der Familie – einen Waldspaziergang, eine Radtour, eine Stunde Schwimmen? Familien, die sportlich etwas gemeinsam unternehmen, sind selten. Unsere Kinder wachsen also mit den gleichen Gewichtsproblemen auf wie wir, wenn wir nicht etwas dagegen unternehmen.

Was ist Fitneß?

Fitneß bewirkt keine cellulitefreien Schenkel oder eine Wespentaille. Fitneß bedeutet Kraft, Ausdauer und Geschmeidigkeit.

Kraft: Fühlen Sie sich eher schwächlich, wenn Sie einen Koffer oder schwere Einkaufstaschen schleppen müssen? Sie können Ihre Kraft daran messen, wie schwer es Ihnen fällt, etwas zu ziehen oder hochzuheben.

Wir brauchen täglich Kraft, um unsere kleinen Aufgaben zu erledigen, angefangen beim Öffnen von angeblich kinderleicht zu bedienenden Flaschenverschlüssen bis zum Unkrautjäten, Kinder hochheben und Abfall runterbringen. Wenn Sie das Gefühl haben, es fällt Ihnen schwer, diese alltäglichen Aufgaben zu erledigen, müssen Sie vielleicht an Ihrer Kraft arbeiten. Machen Sie Übungen, um kräftigere Beine, einen straffen Bauch und einen starken Rücken zu bekommen, heben Sie Gewichte (Zuckertüten reichen auch), um Ihre Arme zu kräftigen.

Ausdauer: Wie oft sind Sie erschöpft? Wenn Sie beim Treppensteigen völlig außer Puste geraten, wird es Zeit, Ihre Ausdauer zu trainieren. Machen Sie Aerobic-Übungen oder gehen Sie zu Fuß statt mit dem Auto zu fahren. Radfahren, Joggen und Schwimmen helfen Ihnen, Ihre Ausdauer zu trainieren.

Geschmeidigkeit: Wenn Ihnen alle Knochen und Muskeln weh tun, sind Sie wohl eher steif als geschmeidig. Um Ihre Alltagsaufgaben erledigen zu können, müssen Sie geschmeidig sein (wenn Sie sich strecken, um eine bestimmte Schachtel aus dem Schrank zu holen, bücken, um Kabel am Computer anzuschließen oder etwas vom Boden aufzuheben). Besuchen Sie einen Yoga- oder Stretch-Kurs oder besorgen Sie sich Videokassetten mit Übungen, die Sie zu Hause machen. Sie werden sich besser bewegen, eine bessere Haltung entwickeln und jünger aussehen.

Neuer Körper durch Sport

Regelmäßige sportliche Übungen zahlen sich aus. Sie sehen großartig aus und fühlen sich auch so, wenn Sie Ihr Herz kräftigen, Ausdauer und Kraft trainieren, die Geschmeidigkeit verbessern, Muskeln aufbauen und besser in Ihre Kleider passen. Ihre Grund-Körperform wird sich dadurch nicht verändern, doch Ihre Proportionen verbessern sich durch regelmäßige Gymnastikübungen. Nehmen Sie die Herausforderung an!

Immer wieder werden uns neue Übungen angeboten, neue Geräte, damit wir am Ball bleiben. Sie müssen herausfinden, welche Art von Übungen Ihnen Spaß machen. Variieren Sie diese, damit Ihr Interesse nicht nachläßt.

1. Schritt: Aerobic

Schnelles Gehen, Jogging, Schwimmen, Aerobic- oder Fitneß-Übungen und Radfahren sind optimal für das Herz, die Gewichtskontrolle und die Ausdauer. Widmen Sie sich einer dieser Tätigkeiten mindestens 20 bis 30 Minuten drei- oder viermal pro Woche, und Sie sind fit.

2. Schritt: Cross-Training

Neueste Untersuchungen aus Amerika haben ergeben, daß zuviel Training mit Geräten, besonders wenn es die falschen für Ihre Figur sind, Ihre Figur breiter macht und sogar zu Gewichtszunahme führt. Lassen Sie sich immer gut beraten, bevor Sie mit Geräten üben. Wenn Sie es richtig machen, bauen Sie einzelne Muskelgruppen auf (was durch Aerobic nicht möglich ist) und können bald die Ergebnisse genießen.

Um sicherzugehen, daß Sie Ihren ganzen Körper kräftigen und nicht einzelne Muskelgruppen überbeanspruchen, sollten Sie Cross-Training machen. Das heißt, Sie mischen Fitneß-Übungen und Geräte-Training, um einen Ausgleich zu schaffen. Melden Sie sich bei einem Zirkeltraining-Kurs an. Sie müssen dabei verschiedene Übungen machen und Gewichte stemmen.

Sie können das Zirkeltraining auch zu Hause machen. Sie benötigen lediglich ein Springseil und eine Kassette. Stellen Sie die Musik an, und hüpfen Sie ein Lied lang mit dem Seil. Beim nächsten Mal machen Sie Ihre Sit-ups, dann Press-ups und Stretchübungen. Dies kann 15 Minuten dauern und sollte zweimal pro Woche ausgeführt werden.

3. Schritt: Harmonie von Geist und Körper

Sportliches Training kann Streß abbauen, ihn aber auch verstärken, wenn Sie sich keine Ruhepause gönnen. Denn das Training sollte sowohl dem Körper als auch der Psyche gut tun.

Yoga ist eine der besten Disziplinen, um Ausgewogenheit zwischen Geist und Körper zu schaffen. Versuchen Sie es nicht autodidaktisch anhand von Büchern zu erlernen. Suchen Sie sich einen guten Lehrer, oder versuchen Sie es mit einem Video. Sie müssen nicht unbedingt die spirituellen Vorstellungen übernehmen, sondern können einfach von den therapeutischen Effekten der Übungen profitieren.

Tai chi-Übungen vermitteln eine Technik zur Beherrschung der Bewegungen und der Entspannung. Machen Sie sie im Freien. Die Chinesen praktizieren Tai chi schon lange, und inzwischen ist es aufgrund seiner verjüngenden Wirkung auch in vielen anderen Ländern sehr beliebt.

4. Schritt: Bleiben Sie in Bewegung

Unternehmen Sie etwas Neues, das Sie in Bewegung hält. Zur Zeit ist Tanzen ganz aktuell: Tänze aller Rhythmen, auch Salsa und Bauchtanz, sind beliebt. Wann haben Sie das letzte Mal eine Nacht durchgetanzt? Tanzen ist gut für die Herzkranzgefäße und die unteren Muskeln.

Spielen Sie mit Kindern und Hunden, wann immer sich die Gelegenheit dazu bietet. Selbst ein kleiner Ringkampf mit Ihrem Partner kann zu einer Fitneß-Übung ausarten, die Ihnen hilft.

Jogging hält jung

Jogger haben zur Zeit keinen guten Ruf. Wenn sie hechelnd und schnaubend über den Asphalt rennen, blicken ihnen manche Beobachter kopfschüttelnd hinterher. Doch die Eingeweihten unter uns wissen, wie gut Joggen für Geist, Körper und Seele ist. Untersuchungen der Universität Manchester bestätigten, daß Joggen Körper und Geist fit hält. Tests bei 45 bis 70jährigen ergaben, daß diese nach dem Joggen geistig superfit waren. Nicht das Lösen von Kreuzworträtseln trainiert das Gehirn, sondern Joggen, das heißt, die Anregung des Kreislaufs.

Die meisten Jogger bestätigen, daß sie es hauptsächlich deshalb betreiben, weil sie sich danach sehr gut fühlen, weniger, um ihr Gewicht zu halten. Wenn Sie zwanzig bis dreißig Minuten gejoggt sind und die Endorphine durch Ihren Kreislauf gejagt werden, haben Sie das gleiche Hochgefühl wie beim Sex. Und zudem erscheinen Ihnen nach dem Joggen alle Probleme viel unbedeutender.

Lassen Sie sich von Ihrem Arzt grünes Licht fürs Joggen geben. Fangen Sie mit drei bis fünf Minuten an. Die Lungen benötigen ein paar Wochen, um sich darauf einzustellen. Versuchen Sie, Ihre Zeit zu verlängern. Einmal pro Woche zu joggen, bringt nicht viel. Sie sollten es mindestens dreimal pro Woche angehen.

Und Sie brauchen dafür lediglich ein paar gute geschmeidige Jogging-Schuhe mit gutem Halt, die Sie im Sportgeschäft kaufen, möglichst eine halbe Nummer größer als Ihre Normalgröße.

Joggen Sie auf verschiedenen Wegen, damit es nicht langweilig wird. Vielleicht joggen Sie auch gern zu zweit. Es gibt auch Jogging-Clubs, denen Sie sich anschließen können. Wenn Sie beim Joggen Musik hören, ist das eine feine Sache, aber achten Sie zur Ihrer Sicherheit auch auf den Verkehr.

Hier noch ein besonderer Trumpf, der fürs Joggen spricht: Sie können essen, was Sie wollen, und nehmen doch nicht zu, sofern Sie regelmäßig joggen!

Mehr Sport
und besser essen

Es ist so einfach. Sie brauchen Ihre Lebensmittel nicht abzuwiegen oder Trennkost zu sich zu nehmen, wenn Sie 1. darauf achten, wieviel Nahrung und welche Art von Nahrung Sie zu sich nehmen und 2. sich bewegen. Vergessen Sie die Kalorien, und achten Sie auf Qualität. Das Essen soll Ihnen Spaß machen, aber auch gesund sein. Essen Sie nichts, von dem Sie nicht überzeugt sind, daß es Ihnen guttut.

Gesunde Ernährung
für jede Figur

Ihr Essen, Trinken und Ihre sportliche Betätigung beeinflussen Ihre Kondition. Abgesehen von Ihrer angeborenen Körperform und Ihren Proportionen sehen Sie gut aus, wenn Sie äußerlich und innerlich auf Ihren Körper achten und Essen und Trinken als Quelle Ihrer Gesundheit und Schönheit ansehen. Versuchen Sie, folgende acht Regeln zu beachten, um eine gute Gesundheit, einen wachen Geist und eine gute Figur zu erhalten.

Die acht wichtigsten Punkte

1. Essen Sie täglich fünf Portionen frisches Obst und/oder Gemüse. Das versorgt Sie mit den wichtigsten Nährstoffen (Vitamine und Mineralien), die Sie brauchen, um gesund und ruhig zu bleiben und Ihre Immunabwehr zu stärken. Die Ballaststoffe von frischem Obst und Gemüse tragen dazu bei, Ihren Körper zu reinigen und andere Nahrungsmittel besser zu absorbieren. Ihr Kühlschrank und Ihre Obstschale müssen immer voll sein. Sie können das Obst und Gemüse auch als Snack zu sich nehmen.

2. Trinken Sie mindestens einen Liter Wasser pro Tag, denn es ist gut für Ihre Gesundheit und Ihr Aussehen. Es spült die Gifte aus, verhindert Verstopfung und dient als Vorbeugung gegen Darmkrebs. Zudem führt Wasser der Haut Feuchtigkeit zu. Sie können auf teure Cremes verzichten, wenn Sie mehr Wasser trinken. Sie

werden bald den Unterschied bemerken, nicht nur im Gesicht, auch an den Beinen.

3. Achten Sie auf Fett. Es ist wichtig für Ihre Ernährung, doch wir essen viel zu viel Fett, oft ohne es zu wissen, denn es ist häufig in der Nahrung verborgen. Sie wissen, daß Fett schädlich ist, die Arterien verstopft und Ihr Leben verkürzt. Denken Sie daran, wenn Sie beim Kochen Fett verwenden. Das Fett aus magerem Fleisch und Fisch, aus Vollkornprodukten und Gemüse ist ausreichend.

   Schränken Sie die gesättigten tierischen Fette ein (Butter, Käse, Sahne), und nehmen Sie beim Kochen lieber Pflanzenöle (Oliven-, Sonnenblumen-, Soja- und Distelöl). Doch wenn Sie zu wenig Fett zu sich nehmen, beeinträchtigt dies Ihre Gesundheit und Schönheit. Das Haar und die Haut sehen trocken aus. Nehmen sie natürliche, möglichst ungesättigte Fette.

4. Nehmen Sie Antioxidantien, die Supervitamine unserer Zeit, die gegen die freien Radikale in Ihrem Körper kämpfen. Wenn die freien Radikale nicht unter Kontrolle gehalten werden, können sie unsere DNS schwächen und zu Herzkrankheiten und Krebs führen. In Ihrer täglichen Portion Obst und Gemüse finden Sie alles, was Sie brauchen.

   Doch wenn Sie durch Rauchen, verpestete Luft, Strahlen und Streß äußeren Beeinträchtigungen ausgesetzt sind, müssen Sie eventuell nahrungsergänzende Mittel zu sich nehmen. Die wichtigsten Antioxidantien sind Betakarotin in Form von Vitamin A, C und E und das Mineral Selen. Auch Rotwein ist eine gute Quelle für Antioxidantien, aber nur ein ein bis zwei Gläser sind medizinisch vertretbar.

5. Trinken Sie höchstens drei Tassen Kaffee. Koffein ist in Kaffee, Tee und vielen Cola-Getränken enthalten. Es macht Sie nervös, verhindert das Ausschwemmen von Toxinen (was zu Cellulite führt) und verursacht Kopfschmerzen. Ich weiß, es gibt nichts Besseres als einen Cappuccino und ein angeregtes Schwätzchen. Wichtig ist, daß Sie bei Ihrer Ernährung diszipliniert und mäßig sind. Versuchen Sie doch mal Kräutertees (Pfefferminz nach dem Essen, Kamille nach einem stressigen Tag und Zitrone und Ingwer zur Reinigung).

6. Trinken Sie höchstens an vier Tagen in der Woche Alkohol, auf keinen Fall täglich. Denn dann kontrolliert der Alkohol Sie, und nicht umgekehrt. Frauen sollten nicht mehr als 21 kleine Gläser pro Woche trinken, zarte Frauen sollten den Alkoholkonsum noch stärker einschränken, um Leberschäden zu vermeiden. Alkohol ist, genau wie Kaffee, Gift und enthält viele Kalorien. Vielleicht sind Ihre breiten Hüften und kräftigen Schenkel eher darauf zurückzuführen als auf die Ernährung. Ganz unbemerkt kann Abhängigkeit entstehen, und es kommt zu Stimmungsschwankungen; die Energie läßt nach, und das Immunsystem wird geschwächt.

   Doch entspannen Sie sich jetzt, und genießen Sie Ihren Drink. Aber übertreiben Sie es nicht, und nehmen Sie an drei oder vier Tagen pro Woche andere Getränke zu sich, das wirkt entgiftend.

7. Wenn Sie einen Wechsel von Energieschüben und Energieabfall erleben oder eine unregelmäßige Verdauung haben, nehmen Sie pro Tag mehrere kleine Mahlzeiten zu sich, um die Nahrung besser umzusetzen, so daß Sie den ganzen Tag über Energie haben. Energiehaltige Snacks wie getrocknete Aprikosen und Pflaumen, Bananen, Früchtebrot (aus Datteln und Nüssen) wirken sättigend und befreien den Kopf. Selbst wenn Sie einen langen Abend vor sich haben, essen Sie lieber etwas vorher anstatt nachher alles auf einmal hinunterzuschlingen. Wenn Sie zuviel essen, haben Sie eine unruhige Nacht vor sich.

8. Ermitteln Sie Ihren Körpermasse-Index, und halten Sie ihn unter Kontrolle, denn er zeigt Ihr Gewicht (in Kilo) im Verhältnis zu Ihrer Größe an. Betrachten Sie die Tabelle unten. Der ideale Indexwert liegt zwischen 20 und 25. Unter 20 bedeutet starkes Untergewicht und sollte beobachtet werden. Liegt er über 35, müssen Sie etwas gegen Ihr Übergewicht unternehmen, bevor Sie ernsthafte Gesundheitsprobleme bekommen.

Körpermasse-Index und Idealgewicht

	Körpermasse-Index	Gewicht in Kilogramm																				Körpermasse-Index
	45	101	104	107	110	112	115	118	121	124	127	130	133	136	139	143	146	149	152	156	159	**45**
	44	99	102	104	107	110	113	115	118	121	124	127	130	133	136	139	143	146	149	152	156	**44**
	43	97	99	102	105	107	110	113	116	118	121	124	127	130	133	133	139	142	146	149	149	**43**
	42	95	97	100	102	105	108	110	113	116	119	121	124	127	130	130	136	139	142	145	145	**42**
	41	92	95	97	100	102	105	108	110	113	116	119	121	124	127	127	133	136	139	142	142	**41**
	40	90	92	95	97	100	102	105	108	110	113	116	118	121	124	127	130	133	135	138	141	**40**
	39	88	90	93	95	97	100	102	105	108	110	113	115	118	121	124	126	129	132	135	138	**39**
	38	86	88	90	93	95	97	100	102	105	107	110	112	115	118	120	123	126	129	132	134	**38**
	37	83	86	88	90	92	95	97	100	102	104	107	110	112	115	117	120	123	125	128	131	**37**
	36	81	83	85	88	90	92	95	97	99	102	104	107	109	112	114	117	119	122	125	127	**36**
	35	79	81	83	85	87	90	92	94	96	99	101	104	106	108	111	113	116	119	121	124	**35**
	34	77	79	81	83	85	87	89	91	94	96	98	101	103	105	108	110	113	115	118	120	**34**
	33	74	76	78	80	82	85	87	89	91	93	95	98	100	102	105	107	109	112	114	117	**33**
	32	72	74	76	78	80	82	84	86	88	90	93	95	97	99	101	104	106	108	111	113	**32**
	31	70	72	74	75	77	79	81	83	85	88	90	92	94	96	98	100	103	105	107	110	**31**
	30	68	69	71	73	75	77	79	81	83	85	87	89	91	93	95	97	99	102	104	106	**30**
	29	65	67	69	71	72	74	76	78	80	82	84	86	88	90	92	94	96	98	100	103	**29**
	28	63	65	66	68	70	72	74	75	77	79	81	83	85	87	89	91	93	95	97	99	**28**
	27	61	62	64	66	67	69	71	73	74	76	78	80	82	84	86	88	89	91	93	95	**27**
	26	59	60	62	63	65	67	68	70	72	73	75	77	79	81	82	84	86	88	90	92	**26**
	25	56	58	59	61	62	64	66	67	69	71	72	74	76	77	79	81	83	85	87	88	**25**
	24	54	55	57	58	60	61	63	65	66	68	69	71	73	74	76	78	80	81	83	83	**24**
	23	52	53	55	56	57	59	60	62	63	65	67	68	70	71	73	75	76	78	80	80	**23**
	22	50	51	52	54	55	56	58	59	61	61	64	65	67	68	70	71	73	75	76	76	**22**
	21	47	49	50	51	52	54	55	57	58	59	61	62	64	65	67	68	70	71	73	73	**21**
	20	45	46	47	49	50	51	53	54	55	56	58	59	61	62	63	65	66	68	69	69	**20**
	19	43	44	45	46	47	49	50	51	52	54	55	56	58	59	60	62	63	64	66	67	**19**
	18	41	42	43	44	45	46	47	48	50	51	52	53	55	56	57	58	60	61	62	64	**18**
	17	38	39	40	41	42	44	45	46	47	48	49	50	52	53	54	55	56	58	59	60	**17**
Größe	**m**	1.50	1.52	1.54	1.56	1.58	1.60	1.62	1.64	1.66	1.68	1.70	1.72	1.74	1.76	1.78	1.80	1.82	1.84	1.86	1.88	**m**
	ft ins	4.11	5.0	5.0½	5.1½	5.2	5.3	5.3¾	5.4½	5.5½	5.6	5.7	5.7¾	5.8½	5.9¼	5.10	5.10¾	5.11¾	6.0½	6.1¼	6.2	**ft ins**

Anleitung für den Körpermasse-Index

Zarte Knochen/ leichter Körperbau	Starke Knochen/ schwerer Körperbau	Anmerkungen
15 (und weniger)	19 (und weniger)	Beunruhigendes Untergewicht. Eßstörungen möglich.
15	20	Untergewicht. Rat des Ernährungsberaters ist wichtig.
20	25	Vermutlich ideal.
26	30	Leichtes Übergewicht.
31	40	Übergewicht. Lassen Sie sich vom Ernährungsberater informieren und treiben Sie viel und regelmäßig Sport.
35	40+	Das starke Übergewicht ist gefährlich. Suchen Sie einen Ernährungsberater oder Arzt auf, achten Sie auf Ihre Ernährung und treiben Sie Sport.

Rauchen

Die schädliche Wirkung des Rauchens ist allgemein bekannt, so daß es überflüssig ist, diesen Punkt in die Liste der Bemühungen um ein gutes Aussehen und Wohlbefinden aufzunehmen. Sollten Sie Raucherin sein, dann gehen Sie diesen Punkt als ersten an, versuchen Sie, es sich abzugewöhnen, um gesünder zu werden, eine bessere Haut zu bekommen und Ihr Leben zu verlängern.

Gutes Essen

Meiden Sie Süßigkeiten jeder Art, da diese nur Kalorien anhäufen, keinen Nährwert haben und Ihre Zähne kaputtmachen.

Reduzieren Sie versteckte Fette, indem Sie entrahmte und halbentrahmte Milch, Halbfettmargarine und Joghurt verwenden. Die meisten Kekse und Kuchen enthalten Fett. Wenn Sie Käse lieben, der ja viele gesättigte Fette enthält, dann verzichten Sie pro Woche an vier Tagen auf Käse.

Verwenden Sie beim Kochen Pflanzenöle (Oliven-, Sonnenblumen-, Nuß- und Sojaöl) und kalorienarme Margarine mit mehrfach ungesättigten Fettsäuren.

Essen Sie ganze Körner, Getreide, Obst und Gemüse. Sofern Sie nicht Vegetarierin sind, grillen, dämpfen oder braten Sie mageren Fisch, Geflügel und Fleisch.

Vitaminreiche Nahrungsmittel

Grünes Gemüse: Je grüner und blattreicher das Gemüse, umso besser. Dazu zählen: Brokkoli, Rosenkohl, Kopfsalat, Krauskohl, Spinat, Blumenkohl und Rüben. Sie enthalten ein Antikrebs-Agens namens Sinigrin, das als Schutz für das Verdauungssystem dient, vor allem für den Dickdarm. Spinat ist sehr wirkungsvoll als Vorbeugung gegen den grauen Star.

Paranüsse: Sie enthalten Selen, das vor Herzkrankheiten, Krebs und Schilddrüsenproblemen schützt. Selen ist auch in Nieren und öligem Fisch enthalten und ebenfalls in Nahrungsergänzungs-Präparaten. Wird es in zu großer Menge genommen, wirkt es als Gift. Also begrenzen Sie Ihre tägliche Zufuhr auf die natürlichen Nahrungsmittel oder auf höchstens 800 Einheiten in einem Zusatz.

Beerenfrüchte: Alle Beeren enthalten Vitamin C, doch einige besitzen darüber hinaus gesundheitsfördernde Eigenschaften. Preiselbeersaft ist gut gegen Harnwegsinfektionen, vor allem bei Blasenentzündung. Der handelsübliche Preiselbeersaft enthält viel Zucker, so daß man ihn mit Wasser verdünnen sollte.

Essen Sie Erdbeeren so viel Sie wollen, denn sie enthalten mehr Vitamin C als andere Früchte. Das gilt auch für Kirschen, Himbeeren und Stachelbeeren. Erdbeeren enthalten auch Ellagsäure, die ein von Krebszellen erzeugtes Enzym vernichtet.

Tomaten: Sie enthalten ebenfalls Vitamin C, sind aber auch effizient als potentielle Antioxidantien, wie Untersuchungen mit älteren Leuten ergeben haben. Frauen, die regelmäßig Tomaten essen (ganze Tomaten, in Saucen oder auf Pizzas) sind im Alter unabhängiger.

Knoblauch: Jede Frau, die zu hohem Blutdruck neigt, sollte pro Tag eine Knoblauchzehe (oder Ersatz) zu sich nehmen. Untersuchungen haben gezeigt, daß Knoblauch den Cholesterinspiegel bis zu 10 % senkt. Knoblauch schützt auch vor Erkältungen und Infektionen.

Soja: Alle Frauen haben Angst vor Osteoporose (Glasknochen), zudem wissen wir, daß wir durch unsere Nahrung nicht soviel Calcium zu uns nehmen, wie wir benötigen. Verwenden Sie Sojasaucen oder Tofu, die beide fettarm sind und viel Calcium enthalten, um Ihre Knochen zu kräftigen. Soja hat sich auch als wirkungsvoll bei der Bekämpfung von Brustkrebs erwiesen.

Hafer: Es gibt kein besseres Frühstück als ein Porridge mit niedrigem Fettgehalt, das auch gut bei Herzkrankheiten ist. Auch bei Schlaflosigkeit hat es sich als wirksam erwiesen. Nehmen Sie eine halbe Stunde vor dem Schlafengehen ein Porridge zu sich, und Ihr Schlaf ist gerettet.

Wetten, daß ich mich auch an meine Tips halte

Ich weiß, ich bin eine Angeberin. Aber ich bin doch recht stolz, daß ich mit 47 noch eine recht passable Zeit beim Marathonlauf erziele.

Ich gebe zu, sportliche Aktivität ist mir sehr wichtig. Keine Angst, ich bin nicht besessen, will nur einfach fit und voller Energie bleiben. Anfang der Zwanzig motivierte mich vor allem mein Wunsch, nicht dicker zu werden, dazu, sportlich aktiv zu werden. Inzwischen ist der Gesundheitsfaktor wichtiger geworden. Wenn ich sehr gereizt bin, rät mir meine Tochter, einmal durch den Park zu joggen, das heißt, ich soll meine Aggressionen abbauen. Ich laufe in der Woche 60 bis 80 Kilometer, und das hält mich fit und sorgt für gute Stimmung.

Wenn man 20 bis 30 Minuten Aerobic betrieben hat, sieht die Welt schon wieder ganz anders aus. Wenn Sie gesund sind, gibt es keine Entschuldigung, sich nicht zu bewegen. Meistens gehe ich zu Fuß zum Büro und zurück (ein paar Kilometer). Vor einer wichtigen Besprechung absolviere ich einen kurzen Lauf. Geräteübungen interessieren mich weniger, sie sind aber wichtig, um die unter- oder überstrapazierten Muskeln zu trainieren.

Ich habe versucht, auch meine Familie für sportliche Aktivitäten zu interessieren. Wenn ich laufe, begleiten mich meine Töchter auf Inline-Skates oder mit dem Fahrrad. Und wir haben festgestellt, daß ein Waldspaziergang mit Karte und Kompaß eine tolle Gelegenheit ist, Frust untereinander abzubauen. Das Ganze endet oft mit viel Gelächter.

Im Urlaub liege ich nicht am Strand herum, sondern versuche, eine neue Sportart zu erlernen oder eine alte wieder aufzufrischen. Dabei kann man auch Leute jeden Alters und Backgrounds kennenlernen.

Wenn man Sport treibt, kann man sich das Kalorienzählen ersparen und sich auch mal ein Stück Schokolade gönnen.

Aufräumen im

Schrank

Wie oft haben Sie schon Kämpfe mit Ihrem Kleiderschrank ausgefochten, wenn Sie versucht haben, etwas hineinzustopfen oder herauszuholen, weil er einfach zu voll war? Oder Sie suchen verzweifelt Ihren Lieblingsrock, durchwühlen den ganzen Schrank und stellen schießlich fest, daß er in der Reinigung ist.

Ihre Röcke im Kleiderschrank sind entweder zu eng, zu alt oder passen einfach nicht zu der Jacke, die Sie dazu anziehen wollen. Sie haben auch alle möglichen Schuhe herausgezogen, um die richtigen zu diesem Outfit zu wählen.

Wenn Sie mit Ihrem Kleiderschrank nicht mehr zurechtkommen, wird es höchste Zeit, daß Sie ihn entrümpeln, ordnen, aufteilen, überprüfen und aufstocken. Befolgen Sie folgende fünf Punkte, um Ihren Kleiderschrank in den Griff zu bekommen und damit auch Ihr Leben, ganz zu schweigen von Ihrem Bankkonto.

Entrümpeln

Genehmigen Sie sich ein Glas Sekt, und machen Sie sich ans Werk. Teile, die wirklich nichts mehr wert sind, zerschneiden Sie am besten, um nicht in Versuchung zu geraten, sie eventuell wieder in den Schrank zu hängen. Kleidungsstücke, die Sie gerne getragen haben, jetzt aber nicht mehr mögen, geben Sie am besten in die Kleidersammlung.

Ihre tragischen Stücke, die Sie kaum getragen haben und die Ihnen weder stehen noch passen, überlassen Sie einem Second-hand-Laden. Immerhin können Sie dann noch ein paar Mark daran verdienen.

Zuletzt wären da noch die echten Schätze, die Sie nicht mehr tragen, aber von denen Sie sich schwer trennen können, die jedoch nur Ihren Schrank verstopfen. Packen Sie sie in einen alten Koffer, zusammen mit ein paar Zedernholzstücken (gegen die Motten) und verstauen Sie ihn gut. Vielleicht interessiert sich eines Tages Ihre Tochter dafür. Der wichtigste Schritt ist, daß diese Teile alle aus Ihrem Blickfeld verschwinden.

Gehen Sie alles durch: Kleider, Schuhe, Handtaschen, Schals, Gürtel, Unterwäsche, Strumpfhosen, Nachthemden. Vergessen Sie keinen einzigen Winkel Ihres Kleiderschranks!

Ordnen

Überlegen Sie, wie die restlichen Kleidungsstücke zu den jeweiligen Jahreszeiten und Ihrem Lebensstil passen, und prüfen Sie, in welchem Zustand sie sind. Jedes Stück zählt jetzt.

Saison-Kleidungsstücke

Alles, was Sie im Augenblick nicht tragen können (schwere wollene Wintergarderobe oder leichtes Sommerzeug), sollten Sie wegpacken. Wenn Sie einen ordentlichen Kleiderschrank haben möchten, sollten Sie dies zweimal pro Jahr tun.

Prüfen Sie, ob alles sauber ist. Wenn Sie Ihre Kleidung länger benutzen wollen, sollten Sie sie am Ende einer Saison durchwaschen oder in die Reinigung geben, damit sie nicht von Motten befallen wird.

Nutzlosigkeit

Hat sich ein Kleidungsstück als nutzlos erwiesen, dann verkaufen oder verschenken Sie es. Behalten Sie nur das, was zu Ihrem derzeitigen Lebensstil paßt.

Tragbarkeit

Kleidungsstücke mit Flecken, die nicht rausgehen, haben in Ihrem Schrank nichts verloren.

Riechen Sie an Ihren Jacken, Blusen und Strickwaren, damit Sie sich unbesorgt bei einem potentiellen Arbeitgeber vorstellen oder der kritischen Schwiegermutter begegnen können. Haben Sie Zweifel, legen Sie die Stücke zur Seite, um sie in die Reinigung zu bringen.

Prüfen Sie, ob etwas ausgebessert werden muß. Es ist ärgerlich, wenn man etwas anziehen möchte und dann feststellt, daß ein Knopf fehlt. Nehmen Sie sich vor, nie etwas in den Schrank zu hängen, wenn etwas daran repariert werden muß.

Aufteilung

Hängen Sie die einzelnen Kleidungsstücke in Gruppen auf: Blusen zusammen, Hosen, Kleider etc. Dann ordnen Sie sie nach Farben, auf der einen Seite die Unifarben und auf der anderen die gemusterten. Röcke können nach Länge eingeordnet werden. Trennen Sie Geschäfts- und Freizeithosen. Die Bügel sollten immer in der gleichen Richtung eingeordnet werden.

Bis Sie sich angewöhnt haben, die Dinge immer sofort an den richtigen Platz zu hängen, nehmen Sie sich einmal pro Woche fünf Minuten Zeit, alles wieder richtig einzuordnen. Unterteilen Sie Ihre Schuhe in elegant, salopp und sportlich, und verstauen Sie sie in Schuhschränken. Ihre Schuhe sollten immer geputzt und tadellos in Ordnung sein, bevor sie aufbewahrt werden.

Auch die Schubladen müssen geordnet werden. Verwenden Sie Trennfächer, damit zum Beispiel die Unterwäsche von den Tüchern getrennt wird. Achten Sie darauf, daß die Schubladen nicht vollgestopft sind – dadurch werden die Kleidungsstücke zerknittert, und Sie können nichts mehr finden.

Nicht geeignet für den Schrank

Plastiküberzüge aus der Reinigung sind als Kleiderschutz ungeeignet. Sie ziehen Staub an, lassen die Fasern nicht atmen, so daß sie zu riechen anfangen, und weiße Kleidungsstücke werden gelblich.

Drahtbügel sind ebenfalls ungeeignet. Hängt man eine Hose über einen Drahtbügel, knittert sie so sehr, daß man sie nicht tragen kann.

Geeignet für den Schrank

Weiche Bügel halten Ihre Kleidungsstücke aus Strick, Jersey und Seide in Form, besonders Blusen, Tops und Kleider.

Geformte Holzbügel eignen sich ideal für Jacken und Mäntel.

Es gibt spezielle Bügel für Röcke und Hosen, so daß diese immer perfekt aussehen.

Die Schuhe sollten Sie so übersichtlich geordnet haben, daß Sie schnell Ihre Wahl treffen können. Es ist zu umständlich, sie in Schuhkartons aufzubewahren, da Sie dann vergessen, wie sie aussehen. Benutzen Sie immer Schuhspanner, um lange Freude an Ihren Schuhen zu haben.

Überprüfen

Nachdem Sie Ihren Schrank entrümpelt, geordnet und aufgeteilt haben, sehen Sie jetzt die Lücken, die Sie auffüllen müssen. Machen Sie eine Einkaufsliste mit den wichtigsten Kleidungsstücken, die Sie benötigen, um Ihre Garderobe aufzufrischen und bessere Kombinationen zu erhalten. Überprüfen Sie nun Ihre „abgespeckte" Garderobe:

Farbprüfung

Wie flexibel sind Sie mit Ihren derzeitigen Farben? Gibt es lediglich eine dominierende Farbe und benötigt Ihre Garderobe dringend eine Farbauffrischung?

Neutrale Farben

Besitzen Sie genug Röcke und Hosen in den Grundfarben Weiß, Schwarz, Marineblau, Grau, Braun, Camel, Taupe, Steingrau und Beige, die unbedingt durch andere Farben aufgefrischt werden sollten? Neutrale Farben eignen sich nicht immer zum Kombinieren. Sie wirken erst dramatisch, wenn man sie monochrom trägt, mit einem Hauch Farbe aufgepeppt – etwa einer Bluse oder einem Schal.

Kräftige Farben

Haben Sie zu viele oder zu wenige oder eventuell die falschen? Überlegen Sie, welche kräftigen Farben Sie mit Ihren neutralen kombinieren könnten.

Muster und Stoffe

Wie flexibel ist Ihre Garderobe? Wenn alle Kleidungsstücke aus neutralen Farben und ähnlichen Stoffen bestehen, dann tragen Sie eine Uniform. Erwägen Sie neue Materialien, um Ihren Look zu modernisieren – etwa einen Lederrock oder einen Mohairpullover –, die Sie mit anderen Kleidungsstücken kombinieren können.

Überprüfung des Stils

Ich hoffe, daß Sie nach diesem Buch wissen, welcher Stil nicht zu Ihnen paßt. Schreiben Sie auf, welcher Stil Ihnen zusagt, wenn Sie einen neuen Rock oder eine Jacke kaufen wollen. Achten Sie darauf, daß Sie diese Teile mit Ihren bereits vorhandenen Kleidungsstücken kombinieren können. Kaufen Sie nichts, was sofort weitere Garderobeninvestitionen nach sich zieht (es sei denn, Ihr Geldbeutel erlaubt es).

Überprüfung der Accessoires

Die Accessoires verbinden Einzelteile Ihrer Garderobe miteinander – etwa ein guter Gürtel, die Strumpfhosen in der passenden Farbe, ausgewählte Schuhe etc. Was fehlt in Ihrer Garderobe? Paßt Ihre Handtasche jetzt nicht mehr zu Ihrem Look?

Aufstocken

In diesen Monaten sollten Sie Ihre Einkäufe erledigen: Februar, Mai, September und November. Wählen Sie während der Woche eine Zeit morgens oder nachmittags, wenn die Geschäfte nicht überfüllt sind und Sie schnell bedient werden.

Der Februar-Einkauf

Dieser Einkauf kurz vor dem Frühjahr bietet Ihnen zahlreiche Materialien, die Sie an vielen Monaten des Jahres tragen können: Reine Schurwolle, Jersey und Strick sind ideal für Sie. Jetzt müssen Sie Ihre Frühjahrs- und Sommerkostüme kaufen, da später zu dünne Stoffe angeboten werden, die sich nicht fürs Büro eignen (Leinen und Seide knittern entsetzlich).

Vergessen Sie nicht die Schuhe. Klobige, dunkle Schuhe, die im Winter ideal sind, passen nicht zur Frühjahrs- oder Sommergarderobe. Wählen Sie auch die entsprechenden Strümpfe in hellen Tönen.

Überprüfen Sie, ob Ihr Regenmantel, Trenchcoat oder Frühjahrsmantel noch in Ordnung ist. Wenn nicht, kaufen Sie einen neuen, der praktisch und modisch ist.

Der Mai-Einkauf

Hier geht es vor allem ums Make-up (eine andere oder dunklere Grundierung, eine getönte Feuchtigkeitsceme, ein glänzender Lippenstift oder Gloss und Sonnencreme).

Außerdem benötigen Sie Tops und T-Shirts, Blusenjacken und ein paar Dinge für den Urlaub. Bevor Sie etwas für den Urlaub kaufen, schauen Sie zuerst, was Sie haben und was noch brauchbar ist. Später als im Juni sollten Sie keinen Badeanzug mehr kaufen.

Vielleicht wirken Ihre Handtasche und Aktenmappe zu schwer für die Sommermonate. Kaufen Sie eine „leichtere“ Tasche in Camel, Taupe oder Marineblau, die Sie mit den neutralen Farben Ihrer Garderobe kombinieren können.

Der September-Einkauf

Prüfen Sie erst, was in Ihrem Schrank hängt, und notieren Sie dann, was Sie unbedingt benötigen. Dadurch vermeiden Sie Spontankäufe, die Ihr Budget unnötig strapazieren, denn jetzt ist Investitionszeit.

Auch wenn Sie keine Geschäftsreisen unternehmen, sollten Sie ein paar Kleidungsstücke besitzen, die Sie tagsüber und abends vielfach kombinieren können. Vor dem Einkauf müssen Sie überlegen, ob die Farben, Schnitte und Materialien flexibel und mit Ihrer Garderobe zu kombinieren sind.

Der November-Einkauf

Spätestens jetzt sind Sie davon überzeugt, daß Sie einen neuen Wintermantel benötigen. Es gibt noch genug Auswahl, doch bedenken Sie, daß Sie keinen zu schweren Mantel kaufen, denn Sie können ihn ja nur ein paar Monate tragen. Gute Übergangsmäntel mit herausnehmbaren Futter sind äußerst vielseitig und oftmals die klügere Entscheidung.

Kaufen Sie jetzt Ihre Winterstrumpfhosen, Handschuhe und Hut (wenn nötig) und festliche Kleidung für die jetzt anstehende feierliche Zeit. Vielleicht begnügen Sie sich mit ein paar aufregenden Accessoires, um Ihr kleines Schwarzes aufzupeppen. Geben Sie kein unnötiges Geld für aufwendige Partykleider aus, die schnell aus der Mode kommen oder kaum getragen werden können.

Home-Shopping

Berufstätige Frauen, die keine Zeit haben, einen Einkaufsbummel zu machen, können per Katalog, Fernsehen oder Internet einkaufen.

Bedenken Sie aber, daß Sie ein Risiko eingehen, wenn Sie die Kleidungsstücke nicht persönlich anschauen können, sie eventuell zurückschicken müssen (auch wenn das Rückgaberecht und die Rückerstattung des Geldes bei Nichtgefallen garantiert sind).

Die Kauflust kann durch Home-Shopping noch mehr angeregt werden als durch das Shopping in Geschäften. Wenn man zum Beispiel hübsche T-Shirts und Dessous auf prächtigen Abbildungen sieht, ist man vielleicht bereit, mehr zu kaufen, als man benötigt. Wenn Sie wissen, daß der Kauf einiger Kleidungsstücke wie zum Beispiel Schuhe, BHs oder Hosen immer problematisch für Sie ist, sollten Sie diese nicht kaufen, ohne sie zuvor gesehen zu haben. Sie können das Home-Shopping aber für den Kauf unkomplizierter Kleidungsstücke nutzen und dadurch kostbare Zeit sparen, wenn Sie bereits die Erfahrung gemacht haben, daß Ihnen die Marke eine gute Paßform garantiert.

BILDNACHWEIS

4–5	Anita Corbin
10	Getty Images
18, 38, 46	Derek Askem
48	PA News Photo Library
52, 62, 78	Derek Askem
102	Images Colour Library
105r	Rex Features
105l	Lorraine Felix/Camera Press
120	Getty Images
129	Robert Harding Picture Library
134–135	Ralf Schultheiss/ G & J Fotoservice
145l	The Ronald Grant Archive
145r	Ginies/Rex Features
146	The Image Bank
153, 156–157	Kim Dalziel
166	Photographers Library
168–169	Photographers Library
172–173	Rosenfeld/Anthony Blake Photo Library
178	Camron Public Relations
178	Holding Company
181	Derek Askem

Stichwortverzeichnis

Machen Sie das Beste aus Ihrem Typ

Eine Color Me Beautiful Beratung eröffnet Ihnen ungeahnte Möglichkeiten, wie Sie sich jeden Tag mit dem eigenen Spiegelbild wohlfühlen können.

Kennen Sie Ihre Farben?

Farben betonen Ihren Typ und wirken dabei auch auf die Seele ein. Kleidungsstücke in der Harmonie Ihrer persönlichen Farben erfüllen Ihnen den Traum von einem „funktionierenden" Kleiderschrank, steigern Ihr Selbstbewußsein und helfen Ihnen außerdem, Zeit und Geld zu sparen.

Wenn Sie keine der original Color Me Beautiful Berater in Ihrer Nähe haben, können Sie Ihr persönliches CMB Image-Etui auch bestellen.

Ja, bitte senden Sie mir das attraktive Color Me Beautiful Image-Etui mit meinen 48 persönlichen Farben zu.

Frühling	*Sommer*	*Herbst*	*Winter*
❑ HELL	❑ HELL	❑ WARM	❑ KLAR
❑ WARM	❑ GEDECKT	❑ GEDECKT	❑ KÜHL
❑ KLAR	❑ KÜHL	❑ DUNKEL	❑ DUNKEL

❑ Mein Scheck liegt bei über DM 98,-- ÖS 690,-- SFR 98,--
CMB Image-Etui inklusive Versandkosten

❑ Ich bestelle per Nachnahme
Preise wie oben zuzüglich Nachnahmegebühr

Bitte in Druckbuchstaben schreiben

Vorname ______________________ Zuname ______________________

Straße ______________________ PLZ/ Ort ______________________

Telefon ______________________ Datum/ Unterschrift ______________________

Color Me Beautiful®
IMAGE CONSULTANTS

DEUTSCHLAND ÖSTERREICH SCHWEIZ

Zentrale für alle drei Länder: Color Me Beautiful Hollerallee 29, D-28209 Bremen
Telefon (0)421-340999, Telefax (0)421-3477765

Postanschrift Österreich: Color Me Beautiful Postfach 48, A-5101 Bergheim
Postanschrift Schweiz: Color Me Beautiful Postfach 3759, CH-8021 Zürich

Der Color Me Beautiful Beratungsservice auf einen Blick

- **Farbberatung**
  Color Me Beautiful verfügt über ein Netz bestens geschulter Vertragspartner, den CMB Image Consultants, die Ihnen in ihren Studios zeigen, welcher Farbtyp Sie sind, welche Farben zu Ihnen passen und wie Sie damit Ihren Garderobenaufbau planen können. Außerdem erfahren Sie, wie Sie mit den jeweiligen Modefarben umgehen und welche Make-up Farbtöne (vom Lippenstift bis zum Lidschatten) Ihnen stehen. In dieser Beratung erhalten Sie das original Color Me Beautiful Image-Etui mit den 48 Farbtönen.
- **Modeberatung**
  Die CMB Modeberatung *(Fashion Update)* verrät Ihnen, welche Kleidungsstücke aus der Fülle des Angebots im Einzelhandel ganz besonders gut zu Ihnen und Ihrer bestehenden Garderobe passen, welche Investitionen dabei die klügsten sind, welche Modefarben in der jeweiligen Saison aktuell sind, Ihnen gut stehen und wo Sie sie finden werden. Sie können sich schminken lassen, um einen anderen Look auszuprobieren und Sie erhalten Tips zu Frisur, Accessoires und modischer Aktualisierung Ihrer Garderobe. In dieser Beratung unter dem Titel *Welcher Modestil steht mir?* erhalten Sie das farbige *Fashion Update* Büchlein mit ganz persönlichen Einträgen.
- **Stilberatung**
  Eine ausführliche Stilberatung gibt Ihnen viele Antworten auf die Fragen nach geeigneten Schnittführungen, Saumlängen, Paßformen, Stoffen, Musterungen, Stilrichtungen, Accessoires, Frisuren und dem typgerechten Make-up. Mit diesem Wissen um individuelle Körperform, Proportion und Stilpersönlichkeit können Sie die Planung Ihrer Garderobe sinnvoller umsetzen und Sie vermeiden damit dauerhaft unnötige Fehlkäufe. Sie strahlen mehr Selbstbewußtsein und Sicherheit aus, so daß Ihnen andere unerwartet Komplimente machen werden. In der CMB Stilberatung erhalten Sie das ausführliche Stildossier sowie die aktuelle Ausgabe des *Fashion Updates*.
- **Make-up Beratung**
  Sie haben schon immer überlegt, welcher Lippenstiftfarbton zu Ihnen paßt, welche Lidschattenkombinationen Ihre Augen erstrahlen lassen, wohin genau das Rouge gesetzt wird und ob Ihre Lippen mit einem Konturenstift voller oder schmaler wirken? Eine Make-up Beratung gibt Ihnen kreative Antworten und zeigt Ihnen verschiedene Möglichkeiten für eine Typveränderung. Die Color Me Beautiful Kosmetik-Linie ist absolut typgerecht auf alle CMB Farbtypen abgestimmt. Sie erhalten das persönliche Make-up Dossier mit wertvollen Tips für ein schönes und attraktives Make-up. Denken Sie daran: eine Umfrage hat ergeben, daß bei Vorstellungsgesprächen gut geschminkte Frauen sehr oft mehr Gehalt geboten bekommen als nicht geschminkte Frauen.
- **Der persönliche Make-up Check**
  Sie haben zu Hause ein buntes Sortiment verschiedenster Kosmetikfarbtöne. Doch ständig spüren Sie das Gefühl der Unsicherheit, ob dies auch die richtigen Farben für Sie sind. Lassen Sie sich bei Ihrem CMB Image Consultant in einem Make-up Check typgerecht schminken und zeigen, welche der Farben Ihnen stehen, ohne bemalt auszusehen. Probieren geht über studieren.
- **Image-Seminare für Berufstätige**
  Image ist das Bild, das andere von Ihnen wahrnehmen. Dazu gehört das äußere Erscheinungsbild mit Kleidung, Frisur und Make-up ebenso, wie u.a. auch Körperhaltung, Mimik, Gestik, der Klang der Stimme, die Aussprache und die Tonlage. Im Moment der ersten Begegnung nimmt jeder Mensch zunächst nahezu 93 Prozent dieser non-verbalen Botschaften seines Gegenübers auf, und lediglich 7 Prozent bleiben diesem für die Vermittlung von verbalen, den fachlich-kompetenten Botschaften übrig. Damit Ihr Erscheinungsbild nicht gegen Ihre Berufskarriere arbeitet, hat Color Me Beautiful eine besondere Seminarreihe unter dem Titel *Successful Image* entwickelt. Hier zeigen Ihnen fachlich besonders geschulte CMB Image Consultants, welche Möglichkeiten Sie für ein erfolgreiches und kompetentes Erscheinungsbild haben.

Ja, **ich will mehr von Color Me Beautiful wissen. Bitte senden Sie mir Informationen über**

- ❑ **Beratungen bei einem CMB Image Consultant in meiner Nähe**
- ❑ **die CMB Kosmetik- und Accessoires-Palette**
- ❑ **die Seminare zum Thema *Successful Image***
- ❑ **die Möglichkeit, selbst den Beruf eines CMB Image Consultants zu erlernen**

Bitte in Druckbuchstaben schreiben

Vorname ______________________ Zuname ______________________

Straße ______________________ PLZ/ Ort ______________________

Telefon ______________________ Datum/ Unterschrift ______________________